喬木書房

喬木書房

從歷史中學會謀略大計，人生從此將無往不利！

計算還是算計

CALCULATION OR CALCULATION

「適者生存」是大自然永恆不變的法則，同樣在歷史的博弈中也起著決定性的作用。面對博弈中的困境，有很多人只會怨尤人，一蹶不振。其實如能選擇正確的方向與恰當的手段，是能夠化困境爲順境，並在最終的博弈中佔得先機。

我們可以透過歷史來學習生存之術，才能在未來的各式各樣的競爭中，更好的做出策略的選擇，掌握最有效的進退之道。

楊煥強 著

目錄

第一章　困境中的抉擇　15

第二章 狹路相逢中的進與退 51

第三章 孤注一擲的豪賭 107

第四章　笑臉的背後　137

第五章　猜疑與信任的尺度把握　169

前言

俗話說：「商場如戰場。」這簡單直接的表達了商業競爭和戰爭之間，具有共同的特性和發展規律。的確，它們都是一種博弈和角力，都在搏擊中以戰勝對方做為主要目的，而且有一個彼此消長的過程。在這一過程中，要想保持不被擊敗，就需要運用智慧不斷的改變自身的角色，利用博弈各方的方法分析競爭，實現競爭中的合作及共生共贏，改變博弈以及透過改變參加博弈各方的附加價值，使得競爭優勢朝向自己一方傾斜。

「適者生存」是大自然永恆不變的法則，同樣在歷史的博弈中也起著決定性的作用。面對博弈中的困境，有很多人只會怨天尤人，一蹶不振。其實如能選擇正確的方向與恰當的手段，是能夠化困境為順境，並在最終的博弈中佔得先機。

我們可以透過歷史來學習生存之術，才能在未來的各式各樣的博弈中，更好地做出策略的選擇，掌握最有效的進退之道。

第一章

困境中的抉擇

「適者生存」是大自然永恆不變的法則，同樣在歷史的博弈中也起著決定性的作用。面對博弈中的困境，有很多人只會怨天尤人，一蹶不振。其實如能選擇正確的方向與恰當的手段，是能夠化困境為順境，並在最終的博弈中佔得先機。

在屈辱中偷生——勾踐臥薪嚐膽終雪恥

在博弈中，有些人深諳弱者的生存之道，他們以典型的弱者面孔處世。此類人，不僅佔盡強者之利，也得到弱者之福，因此往往諸事如意，他們看似弱者，實是強者中的強者。

從古至今不知有多少人為了求生而忍辱負重，為了利益而失掉名譽。春秋時期的吳越之地，吳國和越國並立而存，卻因日久爭戰結下宿怨，因而開始了一場生死存亡的博弈。

西元前四九六年，越王允常死，勾踐繼位。由於其父允常不肯幫助吳國攻打楚國，又支持闔閭之弟夫概自立，兩家結下了怨仇。吳王闔閭趁越國有喪事之機，率軍攻打越國。在檇李之戰中，吳國的軍隊不料卻被越王勾踐打敗，闔閭在混戰中身受重傷，回師途中死去，從此更加深了彼此雙方的仇恨。闔閭的兒子夫差繼位後，厲兵秣馬，發誓報仇。

越王勾踐打敗吳國老王闔閭，初嘗勝果，得意忘形之下，他不納范蠡忠言之勸，欲滅吳國而後快。西元前四九四年，吳越夫椒之戰中，勾踐一敗塗地，被困在會稽山。打了敗仗的勾踐萬般無奈之下，為圖保佑社稷、他日復國興邦，勾踐命人前去求和。夫差為報父仇不肯納降，命伍子胥趁勢滅越。

越王勾踐及其臣民命懸一線。范蠡請纓隻身去見夫差，一番鬥智，說服夫差收兵，保住了勾踐的性命，但越國上至君臣，下至百姓，從此成為了吳國的奴隸。

勾踐抵達吳都姑蘇城，夫差有意羞辱他，要他住在闔閭墳前的一個小石屋裏守墳餵馬，有時騎馬出門還故意要他牽馬在國人面前走過。他們小心地伺候著吳王，百依百順，忍饑受凍，毫無怨言。經歷了此番變故，勾踐意志消沉。

伍子胥也藉機百般凌辱勾踐，使勾踐不堪受辱，欲送死於伍子胥劍下，被范蠡捨命阻攔，勾踐也終於明白了自己的使命。為掩人耳目，勾踐白天在街頭忍辱偷生，夜晚勵精圖治。

勾踐忍辱負重，小心伺候夫差，做到百依百順，勝過夫差手下的僕役。夫差生病，勾踐前去問候，還掀開馬桶蓋觀察夫差剛拉的大便，瞭解夫差的病情。時間過去三年，由於勾踐盡心服侍，再加上伯喜不時接受文種派人所送的禮並在夫差面前為勾踐說好話，使夫差認為勾踐已真心臣服，決定放勾踐夫婦和范蠡回國。

勾踐回國後，為了報仇復國，遷都會稽，重修政制，用最快的速度復興國家。他尊賢禮士，敬老恤貧，以百姓為念。勾踐奮發圖強，採取了富國強兵的種種措施，鼓勵百姓生養兒女，減輕賦稅勞役，制定一系列有利國計民生的政策，對那些孤兒寡婦、生病的、窮苦的，由官府代養他們的兒女，對那些有名望有特長的人，國家在物質上給予優厚的待遇，鼓勵他們為國出力。勾踐自己也親自參加耕種，不是親自種出來的糧食，勾踐就不吃，不是他夫人織出來的布，勾踐就不穿。十年之內，不向老百姓收稅。因而，他受到全國百姓的愛戴，老百姓紛紛請求和吳國作戰，復國雪恥。

為了牢記亡國之痛、石室之辱，他每天晚上睡在柴堆上，並且在柴堆上面掛一個苦膽，在每天早晨起床穿衣時，總要去舔一下苦膽，嚐嚐它的苦味，給後人留下了臥薪嚐膽的成語。勾踐一邊臥薪嚐膽，磨練他的意志，一邊又在國內努力發展生產，積蓄力量，並且在太湖之中秘密訓練軍隊。

沒想到這一切卻被伍子胥發現了勾踐意欲復國的舉動。夫差得知後，殺心頓起，親自領兵前來，越國又一次大禍臨頭。在勾踐令越國中的男女入山採葛，趕織黃絲細布獻給吳王，表示自己的忠順，用來麻痹對方。勾踐還把越國的兩名美女西施與鄭旦獻給吳王，讓夫差整天荒淫無度，沉醉於美色當中，不再理朝政。這一招十分有效，吳王增加了越國的封地，放鬆了對勾踐的警惕，使越國又逃過了一劫。伍子胥也因此失去了吳王夫差的信任，他的諫言不再被採納。

就這樣勾踐君臣同心努力，發奮圖強，國勢蒸蒸日上，吳國卻一天天走向衰敗。又過了五年以後，越國的實力極大地超過了吳國。勾踐一看時機已經成熟，勾踐對國內的臣民說：「我不需要那單槍匹馬的勇氣，我要的是萬眾一心，同進同退。奮勇向前時想到國家的賞賜，畏縮後退時想到軍令的刑罰；如果前進的時候不出力不聽指揮，敗退了卻不知羞恥，這樣就會受到應有的刑罰。」臣民們鬥志昂揚，互相勉勵，都說：「看一看誰是我們的國君，能不為他去拚死殺敵嗎？」

經過了近十年的耐心等待，西元前四八二年，勾踐趁吳王發兵北征之機，發動了復仇戰爭。勾踐指揮他決心為國報仇的人民，襲擊了吳國，攻入吳都姑蘇，他的「水師」又從海道進入淮河，斷絕了吳軍的歸路。西元前四七五年，越軍攻打姑蘇城，圍了二年以後，最終攻下了這座城，夫差逃至姑蘇山。歷史驚人地重演了，這一次品嚐勝利滋味的是越王勾踐。他沒有接受吳國的投降，夫差自殺，越國吞併了吳國。自此，勾踐專心國事、富國安邦，成為春秋末年政壇上顯赫一時的風雲人物。

勾踐深諳勝者為王、敗者為寇的道理，身處危難時，又是獻美女，又是獻身做奴僕，苟且偷生了一回，圖謀東山再起。「十年生聚，十年教訓」，不忘國恥，勵精圖治，待機而起，終於圓了復國之夢！這期間的勾踐忍了常人不能忍之痛，運用了典型的中國傳統智慧—「韜晦」。他既沒有像項羽，無顏見江東父老，刎頸烏江；也沒有像荊軻一樣呈匹夫之勇去謀刺夫差，而是懷抱復國之心，小心謹慎，屈尊降貴，暫且俯首稱臣。他教會了我們在生存的劣勢中如何以小搏大的藝術。

越國被吳國打敗後，越王勾踐被作為俘虜抓去吳國。在那裡，勾踐天天過著受屈辱的日子。但勾踐為了騙取吳王的信任，忍辱負重，甚至為了判斷吳王是否得病而去嚐吳王的糞便，這對於一國之君來說，是一個莫大的侮辱。但也不難看出，越王對於吳王只是「服輸」而沒有「認輸」，因為越王被釋放回越國後東山再起，又打敗了吳國。越王勾踐表面上的忍辱負重矇騙過了吳王，而內心的不認輸卻一直激勵著他，所以越王勾踐即便受了侮辱，但他的尊嚴卻一直沒有丟掉。

同時，忍辱負重是需要勇氣和長遠的謀略的，並不是一般人可以做到的。越王勾踐在吳國之所以能忍受了常人所不能忍受的侮辱，是因為他確信自己只要能重獲自由，一定能打敗吳國。若當時越王勾踐呈一時之勇，必定會死在吳王手上，那越王勾踐不過就是一個值得後人可憐和同情的烈士了，最終勝利的還是吳王。但因為勾踐忍辱負重，最終滅掉了吳國，勝利重新又屬於越王勾踐，那麼後人在被勾踐能忍辱負重的精神所折服的同時，也會讚揚越王勾踐的遠見。

越王勾踐臥薪嚐膽、報仇雪恥的過程驗證了生存中的局勢是能夠轉化的。只要有堅強的意志再經過艱苦的努力，就可以使局勢轉劣為優；相反的，被勝利沖昏頭腦，喪失了警惕，麻痺大意，就會使力量從強變弱，在最終的對弈中敗下陣來。

箴言：「大凡弱者生存，必要有『水性思維』，要順大於逆，要柔多與鋼。」—莊子

要做自己的主人——陳勝、吳廣起義

縱觀歷史不難看出，社會中階層間的博弈推動了歷史的進步。其中，農民起義也有著決定性的作用。在我國的古代歷史上，陳勝、吳廣的「大楚興，陳勝王」、張角的「蒼天當死，黃天當立」、李自成的「均田免糧」、洪秀全的「無處不均勻，無處不飽暖」……農民起義發生的很頻繁。但每一次農民起義都使社會動盪、人口減少、經濟倒退，這種週期性的循環並沒有為中國社會提供一種更為合理、合乎人道的政治經濟體制，它雖迫使新生政治勢力對生產關係做出部分調整，但不久以後體制的弊端再一次暴露，人民的苦難也便再一次的進入。

雖然一些農民起義勝利以後，起義領袖立即脫下布衣換上龍袍，繼承前朝君王的權力繼續專制統治。往往開朝之初會有一段時間與民休息，實行懷柔政策，使天下相對太平，而在太平之中體制帶來的另一輪苦難又在悄悄地積聚。正如魯迅先生在《燈下漫筆》中所說，中國人只有「想做奴隸而不得的時代」與「暫時做穩了奴隸的時代」。

統治者隨心所欲地剝奪無權者的一切權利，甚至包括生存權，橫徵暴斂由之而生，窮兵黷武由之而起，直到苦難的積聚已超出社會的承受程度，而以大規模的農民起義的形式做一次總爆發。縱觀歷史中的每一場農民起義的發生背景，無不是天災人禍、民不聊生。

秦朝末年，由於秦始皇是朝大肆建造宮殿、陵墓，修築長城、修建驛道，再加上連年對匈奴和南越的大量用兵，導致徭役和賦稅過重。同時，秦朝的法律又過於嚴厲，使百姓動輒觸犯刑律遭受刑罰。到了秦二世時，徭役之多，賦稅之重，律法之嚴，都到了無以復加的地步，使百姓都生活在水生火熱之中。

秦二世元年七月，陳勝與吳廣被徵發到漁陽戍守。當一行人到了蘄縣大澤鄉時，因連日暴雨而耽誤了行程。按照當時的刑律，誤時當獲斬刑。於是陳勝與吳廣等人商量，反正事到如今，趕到漁陽是死，起義謀反也是個死。大家何不一起謀求一番大事業呢？於是與人密謀，在大家吃的魚腹中塞入「陳勝王」的書帛。眾人食魚之後，驚現書帛，都認為是天意。晚上，吳廣又躲在野外，乘眾人睡覺之時假冒狐狸的聲音大叫：「大楚興，陳勝王。」於是眾人皆驚陳勝。

陳勝，又名陳涉，陽城人。他年少時與別人一起耕地，常常感嘆：真是嚮往那些富貴之人的生活啊！旁人於是譏笑他：你只知道耕地，又怎麼能過上富貴的生活呢？於是他又感嘆說：燕雀安知鴻鵠之志乎！

吳廣為人謙和，與大家都交好。一夜，他乘看押的校尉酒醉之際，時時出言相激，引得校尉出言辱罵，並將他綁起鞭笞。此舉終於激怒眾人，遂群起而攻之，吳廣趁機殺了校尉。陳勝出手相助，將隨同看守的另外兩名校尉一同殺死。並和大家說：我們延誤了時間，到了漁陽也是個死。壯士即便是死，也要死得其名。「王侯將相，寧有種乎？」於是眾人從之。他們殺了校尉後，打起故太子扶蘇及楚將項燕的名號，陳勝自立為將軍，吳廣則自稱都尉。起義軍迅速佔領了大澤鄉，進而收復蘄縣。

陳勝、吳廣的起義軍攻佔蘄縣之後，又迅速向西挺進，攻佔了秦朝的重鎮陳縣。此時，起義軍的勢力已達「車六、七百乘，騎千餘，卒數萬人」。入駐陳縣之後，陳勝召令三老、豪傑來此地議事。三老和豪傑都稱：「將軍披堅執銳，討伐秦朝暴君，恢復大楚江山，應該立為王。」於是，陳勝自立為王，國號「張楚」。

「張楚」政權建立後，全國都陸續的暴發了大規模的起義活動。陳勝以陳為中心，分兵四路，擴大起義軍的範圍。吳廣率主力向西推進，準備直搗秦朝都城咸陽，但在滎陽與秦兵相持不下。陳勝又派出周文(又名周章)出兵關中。等周文到達函谷關時，「車千乘，卒數十萬」，周文所率軍隊幾乎所向披靡，攻佔戲之後，直撲咸陽。

當周文的部隊攻佔了戲之後，終於引起了秦二世的恐慌，他慌忙之下赦免了酈陽四十萬勞役，組成了一支軍隊，由少府章邯率領，抵抗周文的大軍。由於周文所率的部眾都是農民組成的，大多沒有受過訓練，再加上孤軍深入，很快就被章邯所敗，由戲退至函谷關再退至曹陽。後章邯大軍又追擊到曹陽，周文一路敗退到繩池，起義軍終於被擊破，周文也因此自殺。章邯乘勝追擊，直搗吳廣所在的滎陽。

周文的敗迅傳至滎陽後，吳廣手下大將田臧與旁人商議：周文死了，秦軍肯定很快就會打到滎陽來。不如留下一些精兵守滎陽，其餘人一起衝出去迎戰秦軍。田臧於是假冒陳勝的命令，殺了吳廣，並留下大將李歸駐守在滎陽，他自己率領大軍主力迎秦軍於敖倉。大敗，田臧戰死，章邯率兵直擊滎陽，城破，李歸等皆戰死。

收回了滎陽之後，章邯的大軍開始大規模地在全國各地打擊起義軍。陳勝親自率兵低抗，不幸戰敗，秦二世二年十二月，陳勝敗退至下城父，被部下莊賈所殺。至此，前後進行了六個月，席捲了大半個國土的陳勝、吳廣起義，終告失敗。

陳勝、吳廣領導的農民起義，是中國歷史上第一次大規模的農民起義戰爭。但由於組織鬆散，缺乏強有力的統一指揮，兵力分散，又未能聯合各地反秦武裝共同作戰，以致被秦軍各個擊破，它和所有失敗的農民起義一樣，沒有遠大的戰略眼光（如綠林起義、赤眉起義、黃巾農民起義、隋末農民起義、黃巢起義、明末李自成、張獻忠農民起義、太平天國運動)，但它從根本上動搖了秦王朝統治，為往後項羽、劉邦滅秦創造了有利條件，在中國農民戰爭史上佔有重要地位。

分析陳勝、吳廣起義，他們都利用了當時秦朝腐敗，人民反抗意願強烈的有利時機號召了人民群眾的力量，但是不是人民力量強大到一定程度就能消滅秦朝呢？陳勝個人領導能力又如何？

陳勝隨著自身力量的強大，在取得幾次勝利的打仗後，也可以說一定程度上佔點優勢的時候竟然急於稱王，這是一個很失敗的舉措！這樣做雖然加大了秦滅陳勝的決心，但手下將領則跟著陳勝開始按功行賞，而最底層的士兵很多都是受到秦朝壓迫而跟隨陳勝的，現在看到陳勝自己稱王，便開始懷疑陳勝是為了自身的利益而起義，而不是真正為了推翻秦朝的。一些士兵內心有些不平衡，開始爭功，幻想榮華富貴，這是敗局開端。國父孫中山先生說過：「革命尚未成功，同志仍需努力！」而陳勝因為壯大了力量而自大驕傲，可見真正偉大的人物是有遠見而且是要求不斷進步的。另外，陳勝、吳廣的起義軍彼此不能上下團結一心，各自為戰，給秦兵有逐一擊破的機會！這也是失敗原因。而秦朝將領大多身經百戰，經驗豐富，老謀深算，像陳勝一樣只是拿著鋤頭去砍秦兵，直到砍完秦始皇或秦二世後就成功的思維是不行的！秦朝名將章邯的用兵如神，身經百戰和沒見過大世面的陳勝形成鮮明的對比，這就是秦朝的很大優勢。陳勝剛打了一些勝仗就開始稱王，功利性很強，把人民群眾力量放在腦子後面還以為自己是誰？而吳廣賞罰不明，加上沒有理論基礎，土裡土氣的運做。據說後來竟然是被自己部下所殺，具體原因無法查之。當時各地起義都給秦兵滅了，無非是因為出師無名，不能服眾，領導無方，糧草不濟，計畫不周全，各自分散而戰等等因素。

假如陳勝不起義，他又能做什麼呢？這個問題在當時的歷史背景下，是得不出答案的。根據當時的歷史環境，一群走投無路之人，不反既是死，反了卻留有一線生機的情況下，當然只能選擇起義這一形式。在基本的生存都無法保證時，就是官逼民反。中國歷史五千多年，每一次農民起義都是被逼出來的。統治階層壓迫農民，苛政似猛於虎，農民就會反抗。因為除此已無他路可尋，唯有以暴制暴，寄希望於起義之後的明君。事實證明，農民起義，在中國歷史上不失為一個有效的辦法。在這種觀念的影響下，近代革命戰爭時期才會出現「壓迫越強，反抗越烈，革命越加成功」的口號。表面上邏輯正確，很有道理；但如果放寬眼界，比較一下歐洲的歷史，就知道這種邏輯的局限。

在歐洲中世紀，也有階級間的鬥爭，也有西方的陳勝、吳廣（比如著名的瓦特‧泰勒起義）。但似乎農民暴力起義並非主要的博弈方式。除此，農民還有更為緩和的博弈形式—那就是在法庭上，用法律保護自己。當然，那是法律完全不同於現代社會的法律。以英國為例，那時的法律只是習慣法，說白了就是習俗。中世紀的英國是相信習慣法的，不僅農奴要遵守，領主也要遵守。誠然在當時已人身依附為主要內容的時代，農奴得到的保護是有限的，但有一點可以肯定，農奴完全可以在法庭上使用廣泛相信的習慣法來保護自己。因為農奴也是有「主體權利」的。這種在法庭上的鬥爭，是另外一種形式的博弈。它在形式上是緩和的，非暴力的，但卻有效的保護了自己，並經一代代的鬥爭爭取，將勝利成果留傳下來。這種保護的機制和管道，使英國的農民得以不斷發展自己，為後來的資本主義的實現奠定了第一塊基石。當然，在古代歷史中，東、西方的社會背景不同，我們也不能相提並論。但隨著世界差異的逐步縮小，用世界歷史的智慧來解答博弈的問題，「陳勝起義」在現代的社會發展中，不一定是「自古華山一條路」，暴力起義並非良策。隨著人類社會的發展進步，博弈的形式更加多樣化，雙方也變得越來越理性。

箴言：「知止而後有定，定而後能靜，靜而後能安，安而後能慮，慮而後能得。」—曾子

小不忍則亂大謀——劉秀更始之亂「忘」復仇

「喜怒哀樂之未發，謂之中；發而皆中節，謂之和。中也者，天下之大本也；和也者，天下之達道也。致中和，天地位焉，萬物育焉。」

人們的喜怒哀樂沒有表現出來，這叫做「中」，表露出來但符合常理，這叫做「和」。「中」是天下的根本；「和」是天下共同遵循的道理。到達了「中和」，天地便在自己的位置上運動了，而萬物都開始生長發育了。

在博弈的過程中，在一些特殊場合和一些特殊的人與事上，必須做到隱忍不發，含而不露，喜形不能於色，慍怒不能於外。韜光養晦絕對不是民諺所謂的「縮頭烏龜」，也不是膽小怕事的表現，而是大仁大義、大智大勇的外化。徒逞匹夫之勇並不是一個成熟的心態，小不忍則亂大謀。**在收斂低調中做人，在挫折屈辱中做事，在巧與周旋中攀升**；「讓一讓，六尺巷」，退一步海闊天空，大丈夫能忍難忍之事，但是，忍並不是一味的強忍，而是善忍、會忍，當忍則忍，不該忍則不忍。

在中國歷史上，不光是勾踐透過忍成就了大事，許多開國之主都是從這條路上走出來的，讓我們來看看東漢光武帝劉秀的故事。

光武帝劉秀出身於西漢末年的豪強地主家庭，早年參加綠林起義軍，經過南征北戰，推翻了王莽政權，統一了全國，建立了東漢王朝，是我國歷史上著名的皇帝之一。

新莽地皇三年（西元二十二年）十月，當綠林軍的新市、平林軍北進南陽後，劉秀在李通的慫恿下，和其兄劉縯一起在宛地興兵，回應綠林軍，自號「舂陵兵」。起初，南陽豪強們對起事反莽持半信半疑的態度，但當他們見到平日小心謹慎的劉秀也加入起義軍時，便說：「連劉秀都參加了，我們還有什麼可怕的呢？」於是眾人也都參加了進來，使舂陵兵起事時就有了七、八千人。

劉縯、劉秀起義後，深知以自己的力量不可能與王莽相抗衡，更別說恢復漢室。因此，他們便派人和新市、平林軍聯繫，使三支隊伍聯合在一起，他們共同打長聚，攻唐子鄉，智取湖陽。但佔領湖陽後，軍中因分財不均而發生內訌。劉秀馬上出面，令劉氏子弟拿出自己所分得的財物，全部送給平林、新市軍的士卒，從而平息了這場內訌。這件事不僅顯露出劉秀出色的領導才能，而且顯示出他的智慧和遠見，也使農民軍對劉秀的大度而感到欽佩。

新莽地皇四年（西元二十三年），起義軍各路將領為了要擴大隊伍，增加號召力，認為應立一個劉氏宗室作皇帝。他們看中了生性懦弱、又無兵權、便於控制的劉玄，讓他即皇帝位，建立「更始」政權。

在攻克宛城和昆陽之戰中，劉縯和劉秀兄弟都起了決定性的作用，在起義軍中聲威大震。劉縯雖然沒有公開爭奪皇帝的寶座，他的部將卻都為他沒能當上皇帝而心中不平。因而在劉玄稱帝時，劉稷就氣憤地說：「此次起兵圖謀復漢大事的，本是劉縯、劉秀兄弟，今天稱帝的這位可又幹了些什麼？」劉玄因此懷恨在心，令劉稷為抗威將軍，以示懲戒。劉稷不肯受命，劉玄即下令逮捕。當要誅殺劉稷時，劉縯站出來表示反對，並為之爭辯。一些賢嫉妒能的將領早就主張除掉劉縯，這時趁機勸劉玄殺劉縯，這正中劉玄下懷。於是，劉縯與劉稷同一天慘遭殺害。

當消息傳到劉秀耳中時，儘管他內心悲憤異常，但表面上卻顯得非常鎮定。他清楚的知道，此時自己只要稍有問題，就會遭殺身之禍。

於是，他立即前去朝見更始帝，向他謝罪。而對自己在昆陽所立的戰功，卻從來不向別人提起。他也不為哥哥劉縯服喪，吃喝談笑一如往常，好像壓根兒就沒有發生殺兄之事一樣。劉秀的泰然神情，終於使更始帝等人解除了猜忌，也使得更始帝覺得對不起劉氏兄弟，便拜劉秀為破虜大將軍、武信侯，劉秀終於避免了殺身之禍。三個月後，劉以破虜大將軍行大司馬事的身分到了河北，鎮慰州郡，網羅人才，招兵買馬，開始了一統江山的事業。

劉秀曾說：「我治理天下，也想行以柔術。」他對部屬很少以刑殺立威。劉秀領兵攻下邯鄲，殺死守將王郎以後，繳獲了不少檔，其中有幾千封劉秀部下給王郎的書信。這些人怕劉秀為此懲罰他們，因此惶惶不可終日。但出乎意料的是，劉秀沒有那樣做，他把所有的軍吏集合在一起，命令把這些書信統統當眾燒毀。

他說：「過去敵人強大，你們當中有人辦了糊塗事，我不怪你們。現在你們都可以放心了吧！」劉秀的做法確實氣度不凡，讓那些曾三心二意的人消除了顧慮，對他感激不盡。至於部屬的一些小過失，劉秀就更能抱寬容態度，不予計較。即使對有深仇大恨的人，仇家一旦幡然悔悟，將功折罪，劉秀也既往不咎。如：更始帝大司馬朱鮪堅守洛陽時，劉秀曾派人勸降。

朱鮪說：「大司徒（劉縯）被害時，我參與了害他的計謀，又勸說更始（劉玄）不要派蕭王（劉秀）北伐。我知道自己實在有很大的罪過。」劉秀卻鄭重其事地說：「建大事者，不忌小怨，鮪今若降，官爵可保，怎麼會誅罰他呢？我面對黃河發誓，絕不自食其言。」

朱鮪投降後，官拜平狄大將軍，封扶溝侯，「後為少府，傳封累代」，劉秀始終沒有對他進行報復。此外，劉秀又從其他營壘中接納了一大批有經世之才和辦事能力的文職官員，以及馬援、馮異、寇恂、吳漢等名將，大大的壯大了自己的力量。天下平定以後，劉秀不僅沒有像劉邦那樣殺戮功臣，還非常注意教育群臣遵守法令，慎終如始，有意保存功臣。

在與劉玄的博弈中，劉秀沒有像劉稷以及哥哥劉縯那樣莽撞直率。他能保持著忍耐的強者心態，這種忍耐不同於膽小怕事。這只是對真實感情的一種掩飾而不是一種扼殺，是為了保全自己而不是苟且偷生，這種委曲求全只是暫時的，其最終的目的是要大顯崢嶸的。

博弈中最大的力量是忍耐。忍耐是經歷嚴冬苦寒的梅花，是受盡千錘萬擊的利劍，是大丈夫能屈能伸之「屈」，是面對困境的暫時休戰。真正的忍耐不是弱者的行為，乃是強者的自制，「心字頭上一把刀」，忍耐亦需要堅強。俗話說：「小不忍則亂大謀。」不能忍耐的人無法成大事。

人生需要忍耐，博弈中需要忍耐。當身處逆境的時候，需要忍耐；當山窮水盡疑無路的時候，我們更需要忍耐，因為忍耐所以才有柳暗花明又一村。舉凡成大事者，必能忍常人所不能忍，方能臥薪嚐膽，終成大事。

箴言：「君子報仇，十年不晚。」—古訓

弱者的萬全之策——成就劉備的隆中對

在博弈雙方力量失衡的狀態下，指望強勢一方良心發現、同情弱者是不可能的。此時，加入一個力量相當的博弈者，與其形成一種聯盟關係，使得博弈雙方的力量對比發生明顯的變化，原來的強勢一方就不得不重新評估目前的形勢，做出相應的變化。

西元二〇七年隆冬，劉備在司馬徽、徐元直等荊襄士人的極力舉薦下，求賢若渴，三顧茅廬，拜見諸葛亮。在簡樸整潔的茅草房裏，劉備見到了這位二十七歲的年輕人。只見他面如冠玉，樸實敦厚，沉穩中透著一股英霸之氣。劉備當年四十七歲，貴為中山靖王之後，身經百戰，海內敬仰。此時一見諸葛亮，態度卻十分謙恭。他摒退左右，向這位比他小二十歲的人毫無保留地袒露內心想法：「漢室傾頹，奸臣竊國，備不量力，欲伸大義於天下……」推心置腹，一片赤誠。

諸葛亮胸有成竹，侃侃而談：「自董卓以來，豪傑並起，跨州連郡者不可勝數。曹操比於袁紹，則名微而眾寡，然曹操遂能克紹，以弱為強者，非惟天時，抑亦人謀也。」他指出了群雄混戰的基本指導思想是依靠「人謀」取勝。

接下來幫助劉備分析戰略環境，天下走勢。當時中國除劉備外，還有六股勢力：北方的曹操、韓遂馬超、公孫淵，南方的孫權、劉璋、張魯。諸葛亮做了大膽的預測，曹操和孫權將生存下來，其他都將消亡。劉備也有條件生存下來，和曹、孫三分天下，前提是改進戰爭指導。他說：「今曹操擁百萬之眾，挾天子而令諸侯，此誠不可與爭鋒。」曹操要消滅，但不是現階段任務。「孫權據有江東，已歷三世，國險而民附，賢能為之用，此可以為援而不可圖也。」告訴劉備，江東他吃不掉，要和它聯合，否則南方有可能被曹操各個擊破。如何奪取天下呢？諸葛亮建議劉備分近遠兩步走。近以三分天下為目標，有三項任務。一是取荊州，二是取益州，三是和孫吳結盟；以上是近期目標。預計劉備聯吳抗曹奪取荊、益後，將與曹、孫三分天下，並將成為最大獲益者。諸葛亮未出茅廬，已知天下三分。

接下來談遠期統一全國的目標。首先要治理好荊、益。「西和諸戎，南撫夷越，外結好孫權，內修政理。」這都是具有重要意義的戰略部署。以和撫政策爭取少數民族人心，鞏固大後方，策應滅魏的北伐戰爭。一旦「天下有變，則令一上將將荊州之軍以向宛洛。將軍身率益州之眾出於秦川，百姓孰不簞食壺漿以迎將軍乎？誠如是，則霸業可成，漢室可興矣。」

這便是聞名後世的《隆中對》。它包含了豐富的政治智慧、深遠的戰略思想和縝密的行動策略，閃耀著智慧和思想的光芒。它告訴劉備，奪天下光憑勇氣和奮鬥是遠遠不夠的，還得人謀在先，通盤考慮，分步實施，方能逐步成功。弱者對強敵先退一步，向薄弱地荊、益謀求發展，壯大自己力量，獲得最終進攻強敵的能力，軍事鬥爭同外交鬥爭、政治鬥爭相配合，聯吳、治理荊、益的策略綜合運用，必將實現自己三分天下，復興漢室的偉大目標。一番晤對，劉備眼前一亮，茅塞頓開，心悅誠服。

在許多時候，政治角力不過只是一場博弈，一種制衡，當事人對局面的駕馭，是一種控制力，更是一種智慧。毫無疑問，諸葛亮最具有這種智慧的。在三國的許多事例中，無不體現著諸葛亮在《隆中對》中編織的三方博弈。

按常理說，做為交戰一方的諸葛亮，理應讓張飛或者趙雲去守最後一道關口的華容道，這樣即使關羽在前面放走了曹操，他們之中的任一人都可擒回曹操。問題是為何諸葛亮未這樣做呢？答案必然是：諸葛亮故意放曹操走！這個答案初看起來似乎是荒謬無比的。可不是嗎？孫、劉兩家正與曹操打仗，恨不得將曹操殺掉以謝天下，怎麼會有諸葛亮故意放走曹操一說呢？

其實，只要我們聯想一下諸葛亮出道時的主張，即他在《隆中對》中的戰略，便不難同意此說！那三國時代群雄四起，各路諸侯皆欲統領天下。經過多年征戰，大浪淘沙，最後只剩下曹操、劉備和江東孫權三足鼎立。此時，三分天下形勢已定，曹操挾天子以令諸侯得一勢，劉備自稱是皇帝的叔叔有正宗血統且有愛民聲譽得人和，而孫權以長江天險偏安江東一隅得地利，此時誰也難以一口吃掉誰。

但是，三角定律告訴人們，兩邊之和大於第三邊。於是，其中任兩家若聯合起來，不說可一舉擊敗協力廠商，也可說足以抗衡剩下的另一方。所以，《隆中對》中孔明的戰略是叫劉備與孫權聯合，抗衡北方強敵曹操。赤壁大戰取得的成果正是《隆中對》中孔明思想的印證。此時倘若將曹操拿住，肯定北方便將瓦解，剩下的將是由劉備與孫權角逐中原。但是，剛剛取得赤壁大戰勝利的東吳正牛氣沖天，兵強馬壯，那八十一州地廣人稠，周瑜帳下猛將如雲，而剛於荊州新敗的劉皇叔奔波流離於江湖，此時連個立足點都未找到，手下僅有關、張、趙三人，此時的他豈是孫權的對手，其結果必然是由孫權奪得天下。所以留下曹操，維持三足鼎立的平衡，是劉家兄弟的保命之策。這諸葛亮深知其中的利害關係，《隆中對》中的既定戰略豈能忘記！所以，他如此策劃讓關羽放走了曹操，既成全了關羽的美名，讓其成為後世楷模，又達到了既定目標，同時還瞞過了東吳—沒有聽說孫權或周瑜為這事抱怨劉備，這真是「三國」中的一個謎！或許又是「有限理性」博弈吧！

在當時，連年混戰，力量此消彼長，時勢混沌詭譎，人們都為看不清前進方向而感到迷茫。唯有諸葛亮慧眼獨具，不僅在《隆中對》中對時局的發展做出了符合實際的分析，更可貴的是提出了明確具體的中長期戰略計畫，影響了一代歷史的進程。

箴言：「處天下之事，不可以不因其勢；輔天下之勢，不可以不用其術。」——《治國方略》

興國之本，在於強兵足食
──朱元璋緩稱王策略

在博弈論中，「智豬博弈」是一個著名的納什均衡的例子。假設豬圈裏有一頭大豬、一頭小豬，豬圈的一邊有豬食槽，另一邊安裝著控制豬食供應的按鈕，按一下按鈕會有豬食進槽，但是誰按按鈕就會使對方得到很大的收益，同時會因為自己後跑到食槽而帶來一定的損失。那麼，在兩頭豬都有智慧的前提下，最終結果是小豬選擇等待。小豬讓大豬去按控制按鈕，而自己選擇「坐船」（或稱為搭便車）。

由此可見在所謂的「智豬博弈」中，後動優勢規避風險在智豬博弈中，小豬的優勢策略就是坐等大豬去按按鈕，然後從中受益。換句話說，小豬在這個博弈中具有後動優勢，大豬按不按鈕，小豬的損失也不會比大豬多。大豬不按，雙方都沒得吃；大豬按按鈕，小豬可以多吃。這樣的後動優勢在歷史上也是屢見不鮮的，朱元璋接受謀士朱升的「高築牆、廣積糧、緩稱王」策略就屬於一種後發制人的策略，也是智豬博弈的生動再現。

西元一三五六年，朱元璋進攻婺源，卻久戰不下。早聞朱升大名，便決定誠心誠意地去拜訪朱升，可是朱升卻來了個避而不見，但他也不願辜負了朱元璋一片誠意，所以就留下了錦囊妙計。朱元璋依計而行，果然一舉獲勝，由此他就更加欽佩朱升了，決心再訪。當他得知朱升遁居石門時，朱元璋恨不得立即就拜見朱升，但他接受一訪教訓，心怕朱升早早得到他的動向情況而再次遠走他鄉，所以他就將所率衛隊佯裝成商隊，由江西繞浙江，過連嶺，悄悄來到朱升教館前，請求朱升輔佐他打天下，朱升避之不及，但還是婉言拒絕了朱元璋。朱元璋無可奈何，又不敢強逼，就只好退而求其次，向朱升懇求安邦定國的大計。他對朱升說：「現今天下大亂，生靈塗炭，學當救國，敢問先生以何來安定天下？」朱升胸有成竹，不慌不忙地說：「高築牆、廣積糧、緩稱王。」朱元璋一聽，心中豁然貫通，當即拜朱升為中順大夫。

為什麼這短短的九個字竟能使頗有心計的朱元璋如此折服呢？我們不妨來仔細分析一下這九個字。「高築牆」，看似保守，其實它有兩個好處：第一、可以成功的防止敵人的進攻，保存自己的實力；第二、可以使敵人望而生畏，不到急需之時是不會輕易來攻城的，這樣自己就可以在城裏養精蓄銳，有足夠的力量來擊敗對手。「廣積糧」，在戰亂年代，它的作用就更大了。它至少有三大好處：第一、能夠守城，古人早就說了，兵馬未動，糧草先行，沒有糧草，這仗就無法打下去了，這城也就無法守下去；第二、能戰，有了糧草，軍心就會穩定，將士也就能夠安心打仗了，士氣和軍隊實力就會大為提升，特別是當對手的糧草不足時，這就是不戰而勝的最有效的根本；第三、能夠及時擴充自己的勢力，招收更多的將士，這樣自己實力也就會隨著戰爭的推進而逐步提高。

「緩稱王」，這是制敵的妙招，看似是承認自己的弱小，或者是在向其他反勢力和割據勢力示弱，但這種示弱卻為自己贏得了多種好處。

首先，能夠讓對手輕視自己而使他們產生驕傲自滿的情緒，這樣在真正進行對陣的時候就使對手無法估計自己的實力，而自己卻能夠看清對手的實力，從而更有利於尋找克敵制勝的計謀。至正二十年閏五月，陳友諒在採石倉促稱漢帝後，率舟師順流而下，鋒芒直指應天。陳友諒認為這場戰爭很快就能夠結束，因為光從兵力對比來看，他的軍隊是朱元璋守城軍隊的十倍，所以非常輕視朱元璋。面對氣勢洶洶的敵人，朱政權內部也出現意見分歧。「獻計者或謀以城降，或以鍾山有王氣，欲奔據之，或欲決死一戰，不勝而走未晚也」。朱元璋採納劉基的意見，用計謀戰勝了陳友諒。朱元璋的部將康茂才曾經是陳友諒的故友，他讓康茂才致書陳友諒，願意做陳友諒的內應。陳友諒不知是計，應約到江東橋，連呼「老康」，見沒有答應的人，陳友諒才明白中計了，立即與他的弟弟友仁率舟千餘向龍灣逃奔，但為時已晚，朱元璋的伏兵四起，內外合擊，陳友諒的軍隊大敗潰逃，恰在這時又正值退潮，陳友諒軍隊的船擱淺不能動了，這樣被殺溺死的不計其數，被俘的就達到二萬多人。陳友諒的大將張志雄、梁鉉、俞國興、劉世衍等都投降了朱元璋，所造的名叫混江龍、塞斷江、撞倒山、江海鼇這些名稱的巨艦有一百多艘，以及其他戰船數百艘都被朱元璋的軍隊所獲得。與此同時，朱元璋遣其將胡大海攻克信州（今江西上饒），以牽制陳友諒。陳友諒兵敗後逃奔江州，朱軍乘勝取太平、安慶。

先發制人還是後發制人，不過是一個策略的選擇，而非根本的原則分歧。到底是選擇先發還是後發，在博弈論中，就要先分析形勢，按照風險最小利益最大的原則，把風險留給對手，把獲益機會把握在自己手中。

無獨有偶，朱元璋的另外一個對手，張士誠也犯了同樣的錯誤。朱元璋已攻佔集慶（今江蘇南京），勢力向東擴展，與張軍開始接觸。六月，朱元璋遣楊憲通好於張士誠，提出「睦鄰守國，保境息民」的主張。張士誠躊躇滿志，根本不把朱元璋放在眼裏，得書不悅，竟拘留楊憲不遣。此時，朱元璋還只是稱吳王，而張士誠已經建立了大周政權並稱帝了，由此才不把朱元璋放在眼裏。七月，張士誠遣兵攻打鎮江，被朱元璋的軍隊擊敗。朱元璋遣他的大將徐達攻打常州，張士誠的軍隊被打得大敗，張、鮑二將軍被俘。張士誠此時才感到懼怕，派遣使臣孫君壽向朱元璋請和並且願意每年輸送糧食二十萬石、黃金五百兩、白銀三千斤，做為犒勞軍隊的物資。朱元璋回覆書信譴責張士誠，張士誠獲得書信不敢回覆。

至正十七年（西元一三五七年）三月，已經降元的方國珍攻打太倉、昆山，張士誠大敗。而朱元璋連續攻克長興、常州、泰興、江陰、常熟等地，張士德在常熟被朱元璋的軍隊所俘，張士誠北有淮海，南有浙西，江陰、長興二邑都是他的要害。得到了長興，那麼張士誠的步騎不敢出廣德、宣、歙；得到了江陰，那麼張士誠的舟師不敢出大江，上金、焦。這樣張士誠在戰場上遭到了巨大的挫折。

其次，可以轉移對手攻擊目標，特別在當時天下割據勢力很多，而元朝還比較強大時，就可以使各個割據勢力相互爭鬥，而不把朱元璋當主要對手來攻打，元朝也不會把朱元璋當主要的敵人來鎮壓，甚至還會把他當聯盟的物件來扶持，而實際上也確實是這樣的。在元末並起的群雄中，朱元璋並不算強大，劉福通、張士誠、徐壽輝等農民軍無論從人力、物力、財力上都遠遠超過他，但他善於審時度勢，依靠這九字方針，特別是「緩稱王」的高招，尋找時機，向元勢力薄弱的地區發展。這樣朱元璋的隊伍不僅建立了鞏固的根據地，而且有充裕的時間和精力用於發展生產，縮小、減少了元政府的注意力，取得了壯大隊伍的實效。在以後的幾年間，儘管他的勢力已擴展到足以稱王，自成一體的地步，但他仍然打著小明王韓林兒的旗號培植自己的勢力，甚至在小明王遭到了張士誠圍攻時，還親率大軍北上救援，這招一石二鳥，既把小明王控制在自己的掌心，又取得小明王其他部下的支持，他的勢力更加龐大了。所以當他江南蕩平群雄，向北打敗元軍後，便輕而易舉地藉口接小明王從滁州來南京議事，卻在中途鑿沉小明王的坐船，除掉了小明王。這時，已沒有任何一支力量可以阻擋朱元璋改朝換代的步伐了，西元一三六八年，朱元璋終於登上了皇帝的寶座，成了明朝的開國皇帝。朱元璋在軍隊還不是足夠強大的時候，儘量避免與元朝的軍隊直接對陣的，這在智豬的博弈中就是小豬的選擇，因為朱元璋清楚自己的力量比較弱小，當然不是元朝的對手，自然是選擇跟在強手的後面，或者堅守後方。如果力量強大的大豬不去打元朝，那麼元朝反過來也會最先去打他們，因為他們對元朝的威脅最大。

因此，與其坐著被動的被元朝消滅，還不如主動出擊，取得先機，由此可見，劉福通、張士誠、徐壽輝他們去攻打元朝是優勢策略。但當他們相互之間拚得你死我活的時候，朱元璋這頭「智豬」卻又成了坐山觀虎鬥的獵人，也是鷸蚌相爭中的漁翁，佔盡了後動的優勢。因此，當他發動攻擊時，不管是對割據勢力還是對元朝都是致命的。

再次，隨時可以倚重一方打擊另外一方。在與陳友諒的爭鬥中，他就與明玉珍修好，並打著韓林兒的旗號四面圍攻陳友諒。

總之，在博弈中既有先動優勢策略，也有後動的優勢策略。至於在具體的博弈中究竟是選擇先動還是後動，都是由博弈參與者的各方具體情形所決定的。

箴言：「智者盡其謀，勇者竭其力，仁者播其惠，信者效其忠。」—魏徵

絕境中的反抗——明世宗朝廷的女子宮變

中國自古以來就有「勿與困獸鬥」的說法。因為，困獸為了生存會向你發起兇猛的進攻，以求逃過一劫，由此，會使自己的處境越發顯得十分危險。所以，與困獸鬥就相當於將自己置於絕境之中。明世宗朱厚熜就是把宮女逼上絕路，使她們成為了「籠中的困獸」與皇權誓死一搏。

朱厚熜是明代中期的皇帝，年號嘉靖。其生活驕奢淫逸，雖自詡不好女色，但其后、妃、嬪僅入冊並有封號的就有六十多個，未予封號的則不計其數。他為了廣儲子嗣還大選淑女，據記載，嘉靖九年，僅一次選淑女就達一千二百五十八人，後來又大選宮女，為數也在千人以上。民間百姓為逃避選宮女，紛紛「競求婚配」。

紫禁城內的乾清宮是皇帝的寢宮，原只有皇帝和皇后可以居此，其餘妃、嬪以下，只是按次進宮，當夜即離。嘉靖年間的乾清宮暖閣，九間房內上下兩層，互有樓梯相通。每間設有三張床，共計有二十七個床位，皇帝可隨意選睡其中的任何一張床，因而即便是內眷、近臣也不易弄清皇帝到底睡在哪一間房的哪一張床上，這種作法無疑也是一種巧妙的安全防範辦法。然而嘉靖皇帝萬萬想不到，在他身邊服侍的宮女卻差一點使他命歸黃泉。

嘉靖二十一年十月二十一日凌晨，朱厚熜尚在熟睡，在其身邊服侍的宮女楊金英等人不堪忍受其凌辱和迫害，決定趁其熟睡之際將其勒死。先由宮女楊玉香搓成一條粗繩子，楊金英則拴好繩套，邢翠蓮找來一塊黃綾抹布蒙住嘉靖的臉，其他幾位宮女立刻上前按手的按手，按腳的按腳，楊金英則將繩索套在了嘉靖的脖子上，幾個宮女馬上拚命用力拉繩。眼看嘉靖就要一命嗚呼，可惜在忙亂中楊金英將繩套打成死結，無法勒緊，因而勒了半天也未使嘉靖氣絕。這時宮女張金蓮見事不好，連忙跑出去告知皇后，皇后急忙帶人趕來解救，總算保住了嘉靖皇帝的一條命。嘉靖雖沒有被勒死，但早已嚇得暈了過去，好長時間才醒過來。

事後楊金英等宮女被嚴刑拷打，並招出此事與王甯嬪和曹端妃商量過。嘉靖欽定一律凌遲處死，連報信的張金蓮也未放過。嘉靖在其旨諭中說：「這群逆婢，並曹氏、王氏合謀殺於臥所，兇惡悖亂，死有餘辜，即打問明白，不分首從，都依律凌遲處死。各該族屬不限籍之同異。逐一查出，令錦衣衛拿送法司依律處決，財產抄沒入宮。」

楊金英等雖盡被殺害，但嘉靖皇帝也嚇破了膽，他立即從乾清宮搬到西苑修道去了。

且二十幾年沒有再回到紫禁城裏來、只是在嘉靖四十五年十二月十四日病危時，才從西苑回到了大內乾清宮，而在當天他就一命嗚呼了。

由於事涉宮闈隱私，事後又因皇權統治者的極力包掩，對於此事的史籍資料也很少記載，因此，很少人知道事情的真相。但在民間各路說法不脛而走，以致成為明代宮廷史上的一樁疑案。

因嘉靖二十一年為舊曆壬寅年，因而歷史上又將楊金英等宮女刺殺嘉靖皇帝的事件稱為「壬寅宮變」。

封建社會中的女性一直處於被壓迫的地位，她們忍氣吞聲，任打任罵，已經形成了逆來順受的性格，但在宮變中，這麼多的宮女能夠立場一致，必定是到了忍無可忍的地步。況且，她們要謀害的並非凡夫俗子，而是一國之君，她們之所以能有這麼大的勇氣，必然是對當時的統治與壓迫的承受能力達到了極限，因此，為了自己的生存只能是鋌而走險。遺憾的是，宮女們在這次與統治者的博弈中勢單力薄，最終導致功敗垂成。

箴言：「勿以惡小而為之，勿以善小而不為。」——劉備

第二章

狹路相逢中的進與退

在漫長的歷史博弈中，能夠用博弈論解讀的故事不勝枚舉。無論是戰場上的金戈鐵馬，還是談判桌上的唇槍舌劍；無論是權力鬥爭中的爾虞我詐，還是仕途官場中的現身與隱退，每一次策略的選擇，每一次進退的決斷，都有其必然的原因……由此，我們可以透過歷史來學習博弈，才能在未來的各式各樣的博弈中，更好地做出策略的選擇，掌握最有效的進退之道。

面對妒火以退為進——孫臏與龐涓兄弟蕭牆

對現實利益的爭奪，形成了人與人之間的角逐，這種角逐就是一種博弈，一種對公共資源的爭奪和瓜分。如果各方的利益可以透過協商來解決，大家共同分享同一種公共資源，那麼爭端的範圍和強度就會受到控制，也不會有惡性的後果；但是，當無法保證各方的利益能夠同時並存的時候，各種法令和條例無法約束惡性競爭的發生，甚至道德、感情這種約束力量也會失去作用，生存和爭奪成了唯一的目的。

一旦惡性競爭出現，受到最嚴峻考驗的，不是參與各方的智力和能力，而是人性。當人性與道德的底線被拋開，那麼這場競爭就會變成赤裸裸的野蠻廝殺，而不是文明的較量。

也許是巧合，也許是註定，往往最沒有人性的惡性競爭都發生在應該最有人性的人之間。師徒、兄弟、父子、朋友……這種本應和睦相處的社會關係，當遭遇到不可相容的利益衝突時，往往展現出來的不是人性中閃光的道德戒律，而是自私與貪婪的原始慾望。

戰國時期就是因為兩個人之間的私怨而相互傾軋，引發了兩個大國之間曠日持久的爭鬥，這場政治上的龍虎鬥，就是孫臏和龐涓師兄弟二人之間的博弈。

孫臏和龐涓都曾經拜鬼谷子為師，跟隨鬼谷子學習兵法。但是，孫臏與龐涓這對同窗卻並不那麼和諧，孫臏聰慧機敏，而且他是兵聖孫武的後代，在兵家學派是家學淵源十分深厚的，所以他非常討鬼谷子的喜歡。相比之下，龐涓則沉著穩重，頗有大將風度。雖然沒有顯赫的家世，但是悟性也很高。二人在學習的時候，孫臏因為鬼谷子的偏愛，往往交給他一些龐涓所學不到的兵法精要。鬼谷子因此常常說，如果他們兩個人共事，龐涓就只能做一個領兵衝殺的將軍，卻做不了三軍的主帥。當時，龐涓雖然對這種說法不滿，卻沒有表露出來。

後來，學成師滿的龐涓懷著胸中所學，下山謀求功名。經過一番遊歷，龐涓終於在魏國站穩了腳跟。奉事魏國以後，當上了魏惠王的將軍，他把平生所學都投入到軍隊的訓練和征戰之中。龐涓治軍有方，戰無不勝，讓魏國的軍事實力大大提升，使魏國在戰國時代成為第一個具有吞併天下氣勢的國家。當時的各國諸侯都十分害怕魏國的軍隊，而且聽到龐涓的名字，都聞風喪膽，龐涓下山短短幾年時間，就成了當時的名將。

戰國時代，各國一面進行著國力和軍事實力的競爭，另外一方面則進行著人才的競爭。得人才者得霸權，這是各國統治者的共識。所以各國都極力籠絡人才，想讓人才為己所用。這種時代背景，讓龐涓的內心陰影更加嚴重了，因為如果孫臏比他強，而且成了統兵的將帥，那麼會有兩種不好的情況：一種情況是孫臏被其他國家聘請，作為他們的大將，和自己在戰場上對壘，那樣自己自然不是孫臏的對手，會被他打敗，甚至丟掉性命；另一種情況，孫臏被魏國國君看中，請他來做魏國的將軍，那樣的話，龐涓的地位就可能不保了，因為孫臏一直都自稱比龐涓的水準要高。

在這種情況下，龐涓只能有兩種選擇，一種選擇是被孫臏淘汰，另一種選擇就是主動把孫臏除掉。他和孫臏不能共存，因為可供他們發展的空間是有限的，在同一時代，到達事業頂峰的大將只能有一個人—不是龐涓，就是孫臏。

龐涓經過思考，選擇了殘害同門的辦法。他先是秘密的派人把孫臏找來，而且十分客氣，擺出了禮賢下士的姿態。龐涓名義上是為魏國求賢，請孫臏相助。孫臏不明就理，相信了龐涓的話，而且也想建功立業，於是應邀前來。

孫臏到了魏國以後，龐涓並沒有安排他展示自己的才華，相反，被他一貫恫嚇和取笑的同學龐涓，因為害怕孫臏真的有什麼過人的機智和豐富的才學，怕孫臏用他的機智和才學贏得魏王的青睞，而使他的地位超過自己。懷著這種恐懼和嫉恨，龐涓想要採取措施除掉孫臏。

龐涓此時又出現了他一生中最大的不智表現，就是沒有考慮到事情的後果。他既然想要陷害孫臏，就要想到自己以後將為這一行為付出什麼樣的代價，但是他沒有。他只是為了洩憤，急於阻止孫臏成名，但是，並沒有做出周密的安排，就實行了自己的計畫。

龐涓的目的比較明確，就是想讓孫臏不能出人頭地，不能威脅他的地位。於是，龐涓私自給孫臏定罪，胡亂捏造了一個罪名，就砍掉了孫臏的兩條膝蓋骨，並且在他臉上刺了字。在古代，臉上刺字是對別人極大的侮辱，因為刺字將無法消退，伴隨受害者終身。龐涓這樣對付孫臏，就是想讓他隱藏起來不敢拋頭露面。

龐涓以為自己這樣做算是手下留情，實際上並非如此。他雖然沒有殺掉孫臏，但是羞辱了孫臏，而且給孫臏肉體上造成了無法彌補的損傷，嚴重打擊了孫臏的心理。孫臏直到受刑的時候才知道，龐涓請自己到魏國，並不是想讓自己成名，而是想讓自己永世不得出頭。

機緣巧合，齊國的使臣剛好在這個時候來到魏國的首都大梁，孫臏得到了這個消息，覺得這是自己逃離龐涓控制的大好機會。他說服了看守與齊國使者進行聯絡，齊國使者聽說當年兵聖孫武的後人，而且又是鬼谷子的得意門生，自然十分感興趣。於是，在精心安排之下，孫臏以犯人的身分秘密的會見了齊國使者。齊國使者一開始自然是大吃一驚，他沒有想到孫臏居然是一個受刑的犯人，更沒有想到陷害孫臏的人正是他的同門龐涓。

孫臏要抓住這個可遇而不可求的機會，他極力表現自己的軍事才能，對齊國使者進行遊說。經過一番交談，齊國的使臣認為孫臏是個難得的人才，如果成為齊國的謀士，自然就會為齊國效勞。而且聽孫臏說，他可以克制龐涓，齊國使者自然十分動心。在當時，魏國靠著龐涓的軍事才能，對其他各國都不放在眼裏，而且四處征戰，奪取了很多的土地，齊國雖然是東方大國，但是也不能保證不被魏國侵擾。齊國使者覺得孫臏是個可以利用的人才，就和孫臏約好，用特殊的辦法搭救他出去。

到了約定的時間，齊國使者假裝探望魏國的名人，然後到達關押孫臏的地方，偷偷地把孫臏藏在自己的車上，然後一邊為他治療，一邊馬上向魏王告辭，用車把孫臏載回齊國。

孫臏的逃脫，根本的原因不是因為他的才能和智慧，也不是因為齊國使者的鼎力相助，而是因為龐涓對後果的嚴重性估計不足。他既然已經決定拋棄友情和人性去迫害孫臏，卻沒有想過遭受迫害的孫臏會用什麼樣的心態來對付自己，更沒有想過一旦孫臏得到機會，將會用什麼樣的方式來對付自己。正是因為這種莽撞和急功近利的心理，讓龐涓終於走上了敗亡的道路。

歷史中的博弈，正是一個又一個鮮活的個案。我們對這些個案進行分析解讀，能夠發現其中若干關鍵之處，而如何應對這些關鍵時刻的關鍵問題，正是今天我們最為關注的。

歷史可以解讀，可以成為我們用來反思自己的案例。歷史的個案裏面，充滿著對弈的智慧，而歷史的對局之中，體現著博弈的精神。博弈精神的核心，就是策略的選擇；策略選擇，就是在關鍵時刻解決關鍵問題的形勢分析與應對方法。俯瞰中國歷史的博弈對局，不做一時一事的瑣碎應對，而是以宏觀的角度去審視整個過程，從而制定出一個能影響全域的策略選擇，這正是現代人應該從歷史博弈中學到的最大智慧。

箴言：「客氣伏而正氣伸，妄心殺而真心現。」──洪應明

風雨飄搖中的覺醒──一鳴驚人的楚莊王

博弈中的韜晦者常常會採取經過一個階段的掩飾潛伏，去麻痹對手的警覺，等到時機成熟時就會迅速撕去偽裝，突然行動起來，毫不遲疑地向著預定的目標挺進。這種「三年不鳴，一鳴驚人」的情況，往往使博弈中的對手出乎意料而猝不及防。

西元前九世紀到前五世紀，中國正處於春秋戰國時代。這期間諸侯國達幾十個，要想生存，各諸侯國奉行正確有效的國內國外政策就非常重要，一個專門為國君們出謀劃策的謀士階層因此而產生。這些謀士有自己的哲學思想和治國之道，尤其善於以深刻生動的比喻，來諷勸執政者，使執政者不但不生氣，而且樂於接受。

秦國打敗晉國以後，一連十幾年兩國沒有發生戰事。可是南方的楚國卻一天比一天強大，一心要跟中原的霸主晉國爭奪地位。

西元前六一三年，楚成王的孫子楚莊王新繼位，做了國君。晉國趁這個機會，把幾個一向歸附楚國的國家又拉了過去，訂立盟約。楚國的大臣們很不服氣，都向楚莊王提出要他出兵爭霸權。

無奈楚莊王不聽那一套，白天打獵，晚上喝酒、聽音樂，什麼國家大事全不放在心上，就這樣窩窩囊囊地過了三年。他知道大臣們對他的作為很不滿意，還下了一道命令：誰要是敢勸諫，就判誰的死罪。

有個名叫伍舉的大臣實在看不下去，決心去見楚莊王。楚莊王正在那裡尋歡作樂，聽到伍舉要見他，就把伍舉召到面前，問：「你來幹什麼？」

伍舉說：「有人讓我猜個謎題，我猜不著。大王是個聰明人，請您猜猜吧！」

楚莊王聽說要他猜謎題，覺得很有意思，就笑著說：「你說出來聽聽。」

伍舉說：「楚國山上有一隻大鳥，身披五彩，樣子挺神氣。可是一停三年，不飛也不叫，這是什麼鳥？」

楚莊王內心明白伍舉說的是誰，他說：「這可不是普通的鳥。這種鳥不飛則已，一飛將要沖天；不鳴則已，一鳴將要驚人。你去吧，我已經明白了。」

過了一段時期，另一個大臣蘇從看看楚莊王沒有動靜，又去勸說楚莊王。

楚莊王問他：「你難道不知道我下的禁令嗎？」

蘇從說：「我知道。只要大王能夠聽我的意見，我就是觸犯了禁令，被判了死罪，也是心甘情願的。」

楚莊王高興地說：「你們都是真心為了國家好，我哪會不明白呢？」

從這以後，楚莊王決心改革政治，把一批奉承拍馬的人撤了職，把敢於進諫的伍舉、蘇從提拔起來，幫助他處理國家大事；一面製造武器，操練兵馬。當年，就收服了南方許多部落。第六年，打敗了宋國。第八年，又打敗了陸渾（在今河南嵩縣東北）的戎族，一直打到周都洛邑附近。

為了顯示楚國的兵威，楚莊王在洛邑的郊外舉行一次大檢閱。這一來，可把那個掛名的周天子嚇壞了，他派一個大臣王孫滿到郊外去慰勞楚軍。

楚莊王和王孫滿交談的時候，楚莊王問起周王宮裏藏著的九鼎大小、輕重怎麼樣。九鼎是象徵周王室權威的禮器，楚莊王問起九鼎，就是表示他有奪取周天子權力的野心。

王孫滿是個善於應對的人，他勸說楚莊王：「國家的強盛，主要靠德行服人，不必去打聽鼎的輕重與大小。」楚莊王自己知道當時還沒有滅掉周朝的條件，也就帶兵回國了。

以後，楚莊王又請了一位楚國有名的隱士孫叔敖當令尹（楚國的國相）。孫叔敖當了令尹以後，開墾荒地，挖掘河道，獎勵生產。為了免除水災、旱災，他還組織楚國人開闢河道，能灌溉成百萬畝莊稼，每年多收了不少糧食。沒幾年工夫，楚國更加強大起來，先後平定了鄭國和陳國的兩次內亂，終於和中原霸主晉國衝突起來。

西元前五九七年，楚莊王率領大軍攻打鄭國，晉國派兵救鄭，在邲地（今河南鄭州市東）和楚國發生了一次大戰。晉國從來沒有打過這麼慘的敗仗，人馬死了一半，另一半逃到黃河邊。船少人多，兵士爭著渡河，許多人被擠到水裏去了。掉到水裏的人往船上爬，船上的兵士怕翻船，拿刀把往船上爬的兵士手指頭都砍了下來。

有人勸楚莊王追上去，把晉軍趕盡殺絕。

楚莊王說：「楚國自從城濮失敗以來，一直抬不起頭來。這回打了這麼大的勝仗，總算洗刷了以前的恥辱，何必多殺人呢？」

說著，立即下令收兵，讓晉國的殘兵逃了回去。

此後，這個「一鳴驚人」的楚莊王又陸續使魯、宋、鄭、陳等國歸順，他成為繼齊桓公、晉文公、秦穆公之後，也當上霸主，歷史上通常稱他們是「春秋五霸」。他前後統治楚國二十三年，使楚國強盛一時。

腹有宏圖大略的政治家、謀略家，絕非是那些每日喋喋不休地闡述自己觀點和見解的人。而是那些深謀遠慮、恃重志成、心機細密的睿智之人。

事實上楚莊王並沒有因遊樂而迷失本性，他只是假裝沉迷逸樂，以便觀察官吏們的真心，從而選用真正忠心而又有才德的人來輔佐國政。並藉此使楚國也得到休養生息。三年一過，時機成熟，靜極而動，一飛沖天。楚莊王的用意之深，是後人很少能及的。

箴言：「好訐人者身必危，自甘為愚適成其保身之智。」—金蘭生

置生死於度外——完璧歸趙與澠池赴宴

在充滿博弈的社會中，在進行每個決斷之前都需要一種難能可貴的勇氣和決心，這需要一種過人的膽識和魄力，更需要挑戰自我、超越自我，去爭取勝利。藺相如澠池赴會、完璧歸趙不辱使命，面對暴秦視若無物，睨柱吞嬴懍烈萬古，以超群睿智和膽識將置生死於度外，使秦國不敢東進侵犯趙國，為國為民建立了豐功偉績。

西元前二八三年，趙國偶然得到了價值連城的和氏璧，此事傳到秦國後，秦昭襄王嬴稷向趙惠文王趙何提出願以十五城相換，趙何集群臣商議，欲將璧交秦，又怕被欺騙；欲拒絕秦國，又怕觸秦之怒，實在兩難，群臣議論不一，一時又選擇不出能保證兩全的智勇之士，這時，繆賢向趙何推薦說：「臣有舍人姓藺名相如，此人勇士且有智謀，若求使秦，無過此人。」趙何遂召來藺相如問計，藺相如分析說：「秦以十五城易璧，價厚矣。如是趙不許璧，其曲在趙；趙不待入城而即獻璧，禮恭矣。如是而秦不予城，其曲在秦。」他建議趙何答應與秦交換。趙何又問他是否願意持璧赴秦，完成使命，藺相如表示說：「大王必無其人，臣願奉璧以往。若城入於趙，臣當以璧留秦；不然，臣請完璧歸趙。」遂奉璧西入秦都咸陽。

當時秦國易璧的真正態度尚不清楚，藺相如分析了趙國的兩種態度將會引起的道義的不同歸屬，立足於從道義上戰勝秦國的考慮，他主張答應以璧易城。臨行前，他還表示要以秦國的真實態度來決定趙國的實際態度，最終達到不受欺詐的目的。在秦強趙弱的情況下，為維護趙國的利益，這是可以採取的一個較好的行動方案，然而，趙使在秦都咸陽要保持應有的行為選擇權，確有較大的難度和危險度。

藺相如見到嬴稷，奉上玉璧，嬴稷接過來欣賞良久，嘆息不已，之後傳示群臣，又送予後宮嬪妃玩味。藺相如見嬴稷並不提起易城之話，知其不是真心交換，於是上前說道：「此璧有微瑕，臣請為大王指之。」嬴稷命人將璧送予藺相如，藺相如拿到璧後，倒退數步，靠在殿柱上，怒氣勃勃地對嬴稷說：「和氏之璧，天下之至寶也。大王欲得璧，發書至趙，寡君悉召群臣計議，群臣皆曰：秦自負其強，以空言求璧，恐璧往，城不可得，不如勿許。臣以為：布衣之交，尚不相欺，況萬乘之君乎？奈何以不肖之心待人，而得罪於大王？於是寡君乃齋戒五日，然後使臣奉璧拜送於庭，敬之至也。今大王見臣，禮節甚倨，坐而受璧，左右傳觀，復使後宮美人玩弄，褻瀆殊甚，以此知大王無償城之意矣，臣所以復取璧也。大王必欲迫臣，臣頭今與璧俱碎於柱，寧死不使秦得璧！」於是持璧準備擊柱，嬴稷深恐璧碎，急忙阻止，令人取來地圖，向藺相如指畫準備給予趙國的十五城。

正在秦國君臣持璧欣賞嘆慕的興頭上，藺相如指出璧有微瑕，無疑使秦國君臣愕然和掃興，一種好奇心所迫，必使他們急於知道微瑕所在。藺相如收回璧後，已有了部分的主動權，於是向嬴稷重申換璧的先決條件。值得注意的有兩處：

第一、藺相如收回璧，要索取秦城，但為什麼最後卻要將其撞碎？其實，藺相如的撞璧只是一個虛假動作，他深知嬴稷正想得到此寶，又玩興正濃，無論如何不會讓送到眼前的寶物碎於堂前，必然會阻止撞璧，並為此而暫時答應他的條件。藺相如是以撞璧來要脅嬴稷，使其不得恃威逼迫自己。和氏璧是天下難得的寶玉，但藺相如做出一個破璧的表示，故意顯示出不加痛惜的態度，更能刺激起嬴稷的惜寶之心，從而把主動保護珍寶的責任推給了嬴稷。藺相如要舉璧撞柱，自然是想到了嬴稷若不阻止時的結局，這一動作冒著極大的風險，但他更想到了嬴稷對這一結局的恐懼，這是他們兩人心理的較量，誰的膽識更大，處事的主動權就歸屬於誰。嬴稷終未經受住惶恐的瞬間煎熬，對藺相如的真實用意未及反應過來就急忙阻止，藺相如的破璧動作也就順勢中止。

第二、藺相如收回璧後，向嬴稷訴說了臨行前趙國群臣所持有的兩種意見，這既不是洩漏實情，自我取悅於嬴稷，而是應用了一種有效的辭令策略。這種策略是在外交談判中根據事態發展的兩種趨勢，有意擺出自己一方對對手曾有過的兩種相反估計，擺出消極的估計，是將對方的心機撕開來讓他自己觀看，便於直述其醜，使其羞於為之，同時向對方暗示了自己對消極結果的戒備與提防，使對方有所顧忌。另一方面，在談判中又擺出自己對對方的高估，表示出對對方高尚風格的堅信，能夠啟發對方的君子之風，誘使他做出積極的行為選擇。同時，這種高估常常以談判人自身的觀點出現，能使對方對自己產生知心感，增加親切度，便於和談繼續進行。

在藺相如的脅迫下，嬴稷雖然取來地圖，指出要給趙國的十五個城池，藺相如根據來秦後嬴稷的表現，知道這又是一種欺詐手段，遂對嬴稷說：「寡君臨遣臣時，齋戒五日，遍召群臣，拜而遣之。今大王亦宜齋戒五日，陳設車輅文物，具左右威儀，臣乃敢上璧。」嬴稷答應後，藺相如抱璧回館，為萬全計，他命從人扮作貧困之人模樣，暗帶璧抄小路偷跑回趙國。藺相如以對等外交的慣例為藉口爭取到了一段迴旋的時間餘地，又帶離璧使秦國的任何陰謀都成為泡影。

五天後，嬴稷假說已經齋戒，升殿陳設禮物，邀請各國使者共觀受璧儀式，當知道藺相如已派人帶走璧後，勃然大怒，命人縛綁藺相如，而藺相如面不改色的說：「大王息怒，臣有一言。今日之勢，秦強趙弱，但有秦負趙之事，絕無趙負秦之理。大王真欲得璧，先割十五城予趙，隨一介之使，同臣往趙取璧，趙豈敢得城而留璧，負不信之名，以得罪於大王哉？臣自知欺大王之罪，罪該萬死，臣已寄奏寡君，不望生還矣。請就鼎鑊之烹，令諸侯皆知秦以欲璧之故，而誅趙使，曲直有所在矣。」嬴稷無可奈何，對群臣說：「即殺相如，璧未可得，徒負不義之名。」遂厚待相如，令其歸國。

藺相如在覺察到秦國的欺騙動機後，帶離和氏璧，使秦國的一切陰謀都成為癡心妄想。這一既成事實形成後，他在公開場合誠懇地向嬴稷表白心跡，說明事理曲直，藉以爭取諸侯國在道義上的同情，給秦國施加影響。藺相如還在陳述中表明自己已做好了赴死的準備，既然心不畏死，這就在一定程度上消除了嬴稷對他以烹殺相威脅的企圖。

在與秦昭襄王嬴稷的博弈中，藺相如以勇示敵，以詐制詐，他身入秦國，從虎窟完璧歸趙，既表示了趙國敢與秦國相較量，又顯示了趙國不會受欺於秦國，從而達成了這次以弱對強的外交活動的奇蹟般的成功。這一外交勝利充滿了大勇大智的熠熠閃光。

藺相如完璧歸趙，向秦國顯示了趙國的力量，回國後被趙何拜為上大夫。但嬴稷心中終不釋然，復遣使約趙何在澠池(今河南澠池縣西)相會。秦國不久前曾以會盟手段誘拘了楚懷王熊槐，趙何為此心有餘悸，但拒而不去又怕顯出趙國的軟弱，最後決定由藺相如保駕前往，並有戰事準備上的配合。

在澠池會上，嬴稷與趙何以禮相見，飲酒中間，嬴稷對趙何說：「寡人竊聞趙王善於音樂，寡人有寶瑟在此，請趙王奏之。」請國君在席間奏樂，於禮相違，帶有侮辱性質，趙何見請，面部發紅，但不敢辭卻，秦國侍者將瑟器獻於趙何，趙何奏《湘靈》之曲，曲子結束後，嬴稷一面讚嘆不已，一面召御史(朝中執掌文書及記事的官員)記載其事，秦御史記道：「某年某月某日，秦王與趙王會於澠池，令趙王鼓瑟。」藺相如上前說道：「趙王聞秦王善於秦聲，臣謹奉盆缶，請秦王擊之，以相娛樂。」嬴稷面帶怒色，未即答言，藺相如取來盛酒的瓦器，跪於嬴稷之前相請，嬴稷不肯一擊。藺相如厲聲說道：「大王恃秦之強乎？今五步之內，相如得以頸血濺大王矣！」嬴稷身邊的人欲上前捉拿，相如圓睜怒眼，大聲叱之，鬚髮豎起，使那些人驚駭而退，嬴稷心怕藺相如，極不情願地勉強擊缶一聲，藺相如遂即起身，召趙國御史記載道：「某年某月某日，趙王與秦王會於澠池，令秦王擊缶。」秦國諸臣意殊不平，當席向趙何提出：「今日趙王惠顧，請王割十五城為秦王壽！」藺相如也向秦國提出：「禮尚往來，趙既進十五城於秦，秦不可不報，亦願以秦之咸陽為趙王壽！」這時席間亂成一片，嬴稷急忙制止說：「吾兩君為好，諸君不必多言！」他又聽到了諜探關於「趙設備甚密」的情報，遂命人進酒，假意盡歡而散。

藺相如在宴會間與嬴稷進行了針鋒相對的爭鬥，嬴稷讓趙何席間奏樂，本已是不尊敬的行為，秦御史又故意記成「令趙王鼓瑟」，「令」是君上對臣下的指使，這種記載完全失去了趙與秦的平等關係，是趙國的奇恥大辱。為了捍衛國家的尊嚴，藺相如當即冒死犯難，針鋒相對，他以與嬴稷同歸於盡為威脅手段，迫使嬴稷不得不做出擊缶的動作，從而使趙國御史有「根據」的記上了「令秦王擊缶」之句。面對秦國諸臣的無理請求，藺相如又根據平等外交的原則，也有針對性的提出了一個不能實現的要求，以刁難對付刁難，從而維護了國家的尊嚴不受侵犯。

藺相如在席間面叱秦臣，威逼嬴稷，表現了極大的膽識。聯繫上次他出使咸陽，完璧歸趙的若干情節來看，他明白自己在外交談判中毫不留情地挫敗對手，大不了被殺頭而已，他懷著必死的念頭去行事，故而對強秦毫不怯懦，具有一種大無畏的氣概，反而當場壓強秦以求和。嬴稷本是要對趙國進行戰略試探，以便確定軍事目標，在外交上這兩次受挫後，感到趙國力量尚強，遂與趙何約為兄弟，表示永不侵伐，還將自己一個名叫異人的孫子送予趙國做為人質。大臣們覺得送人質有點過分，嬴稷笑著解釋說：「趙方強，未可圖也。不送質，則趙不相信；趙信我，其好方堅，我乃得專事於韓矣。」遂將軍事目標暫時移向了韓國。藺相如智勇兼濟的外交活動，極大地維護了國家的威嚴與安全。

藺相如做為一個外交人物而活動於政治舞臺上，在與強秦的博弈中，他有理、有謀、有勇，成功地挫敗了嬴稷的陰謀，以置生死於度外的大無畏行為，維護了國家的尊嚴，這是他一生事業的極成功之點。

箴言：「古今之成大事業者，非惟有超世之才，亦必有堅韌不拔之。」—蘇軾

自汗而保全身——蕭何的明哲保身之道

人的謀略方法，實乃智慧的表現，從來不是固定不變的，而應該是靈活多樣，沒有窮盡的。鷙鳥能趴在地上一動不動，鼯遇到敵手能斷臍香脫逃，蟒蛇能把自己的傷口顯示給對手，這是動物的高明招術。動物尚能如此，人的智慧謀略更是千變萬化。人一生中，磨難、坎坷、不幸等不順心、不順意的事情在所難免，我們應當面對現實，正視人生。若不暫時隱藏，就會有危險出現；若不欺騙，就會有可能被敵人消滅；若不暫時退避三舍，就會有全軍覆滅的危險……，當謀略的方法運用到出神入化的時候，可以說，智慧就被運用到爐火純青的地步了，自然是位謀略大師了。

在複雜的博弈中，人們的真實面貌和目的常常需要加以一定的掩飾。中國古代的權術家們很早就學會了在博弈中運用韜晦的手段，從志向、才能、名望、感情、生理等各個角度，側面進行掩飾和偽裝。

蕭何是劉邦創建大漢王朝的第一功臣，建國以後，蕭何就擔任第一任丞相。然而功勳蓋世的蕭何，也曾經被劉邦下過大牢。漢十二年初，蕭何看到長安周圍人多地少，便請求劉邦把上林苑中的空閒土地交給無地或少地的農民耕種。本來利國利民的一件小事，不料使劉邦龍顏大怒，以受人錢財為由，將蕭何關進大牢。困惑莫名的老丞相出了監牢後，才明白自己犯了「自媚於民」的錯誤。

其實，一生謹慎的蕭何為了鞏固劉邦對自己的信任，常常不惜做出近於虛偽的過激之行，如：散家財佐軍，驅兄弟子侄上前線，其中以強買百姓田宅以自汙一例可見蕭何小心到什麼地步。

英布造反的時候，劉邦領兵御駕親征，但常常派人探查蕭何在朝中做了些什麼事？使者回答：「相國因為皇上領兵作戰，他勤政愛民、安撫百姓，更竭盡所能補給軍需。」

有人聽了，便對蕭何說：「恐怕你被滅族的日子近了。」

蕭何驚恐的聽其解釋：「你身居宰相高位，又功勞第一，已經沒有升官晉爵的空間。當初入關中時，你很得民心，十幾年來頗受人民愛戴。皇上出征還老是問你做些什麼，是怕你擁關中民心自重。我看你不如買些田產，強迫百姓賤價出售，讓自己行為有了汙點，皇上才會安心。」蕭何一聽此言，如五雷轟頂，明白自己已有了功高震主之嫌，再繼續做收攬民心的事情必然會引起皇帝的疑心，招來殺身之禍。

蕭何開始搜括民田，終於引發了民怨。劉邦得勝回來，百姓們擠滿道路上書陳情，控訴相國的罪狀。這些罪狀讓劉邦內心偷笑，把人民上書的事全告訴蕭何，表面上責怪幾句，其他就交給蕭何自己去處理。我們可知蕭何又躲過了一劫，指點他的高人頗瞭解劉邦，更懂得權力結構的遊戲，才能在最危險的時機，拉蕭何一把。而具備運籌帷幄天分的張良，受封為留侯後，整天躲在府中，稱說身體虛弱，必須修煉神仙丹藥之術，方可延年益壽，從此不過問國家大事，終於明哲保身而善終，在這點上張良猶勝蕭何一籌。

蕭何在劉邦打天下時，發揮了令劉邦自嘆弗如的後勤補給功力，穩定了民心士氣，這樣的功勞卻也帶來劉邦對他的猜忌。反而，利用權勢以極低的價格強買民田民宅，激起民怨，終於使劉邦將他看做為子孫謀利，胸無大志的人物。蕭何以自汙的方法躲過了滅頂之災。

古代君王擁有絕對的權威，卻同樣具備人性的弱點，這些弱點包括「妒賢嫉能」的心態，以及害怕別人「取而代之」的恐慌。

曹操算得上是三國一等一的人才，然而楊修老是猜對他的心意，把曹操的聰明才智比下去，令他惱羞成怒，終於找個「惑亂軍心」的罪名把他殺了。在君王身旁不能鋒芒太露，否則到時他內心受創，而你「功高震主」，就容易惹來殺身之禍。俗話說：「伴君如伴虎。」就是這個道理。

箴言：「官人宜急流勇退，為山林娛老之計。」——馮夢龍

女人對女人的殘忍——呂雉專權中的後宮

男人之間的博弈，常常以對手的姿態進行，互相競爭，充滿了血腥。一旦擊敗了對方，勝者不禁唏噓：「人活著最大的悲哀是沒有對手。」

男女之間的博弈，那簡直是風光迷離。男女之間不會有真正的仇恨，有的只是一種性別對立，一種征服和被征服的對立。通常的男女鬥爭，常常有那麼些撒嬌，或打情罵俏的意味，一邊刀來劍往，一邊眉來眼去。

女人間的博弈才是真正的觸目驚心，險惡異常。若說男人把男人看作對手，而女人往往把女人看作敵人，而且是不共戴天的敵人，充滿了欲置之於死地而後快的恨意。在中國歷史的後宮權利博弈中，女人對女人的表現得就更加兇殘。呂后對戚姬的殘害，千年之後依然令人髮指。

九月九日重陽節的起源可追溯到西漢的戚姬。戚姬慘死後，侍候她的宮女賈氏被逐出宮，賈氏傳出：「在皇宮中，每年九月初九日，都要佩茱萸、食蓬餌、飲菊花酒，以求長壽。」於是這一節日便在民間流傳下來。一起流傳下來的還有戚夫人那令人心碎的故事……

漢高祖劉邦出生在沛縣的陽裡村。隨著年紀漸大，不事耕稼，好吃懶做，不務正業，每天遊來蕩去。弱冠後交友漸廣，有人教他學習吏事，他一學便會，不久便當了泗水亭長，因此常與一班縣吏互相往來。其中最投契的是蕭何、曹參、夏侯嬰等人。呂公避仇來此，他擅於面相，覺得劉邦不同尋常，就把女兒呂雉嫁給了他。婚後數年，呂雉生下了一子一女，即為後來的惠帝、魯元公主。

此時正值秦末天下大亂，劉邦率眾舉事，進入沛縣被擁立為沛公，呂雉當時也水漲船高，被尊稱為呂夫人，等到劉邦攻入咸陽，被西楚霸王項羽立為漢王，呂雉又晉級成了王妃。

但呂雉並沒有因此過上舒適的日子，在接下來劉邦和項羽打的天昏地暗的楚、漢戰爭中，呂雉成了項羽的俘虜，甚至在項羽把呂雉押到兩軍陣前，以烹殺呂雉威脅劉邦。在四年的楚、漢戰爭中，呂雉一直被囚在楚軍之中當作人質，受盡了折磨和凌辱，掙紮在生死邊緣，使其心理和精神受到了嚴重打擊，也造成了以後多疑與缺乏安全感的後遺症，變成心地狹隘，緊張恐怖，陰狠毒辣，以及凡事先下手為強的性情和辦事手法。

及至楚、漢罷兵言和，以鴻溝為界平分天下，項羽才將呂后歸還劉邦，對呂雉來講，真是恍如隔世。後來劉邦毀約，重挑事端，最終在垓下之戰中打敗項羽，當上皇帝，呂雉就順理成章的當上了皇后。

劉邦長年在外征戰，隨軍帳幕中自然不乏紅粉佳人。在這些紅粉佳人中，有薄姬，戚姬，曹姬等多人。一個人既然貴為天子，富有四海，多幾個女人侍候，似乎也是理所當然的事。

劉邦得了天下後，呂后由於年老色衰，已為劉邦所厭煩。劉邦每次出遊，都由戚夫人陪著，而把呂后留在宮中，很少見面，相互感情日漸淡薄。他寵愛戚夫人，日日攬在懷中調情取樂。戚夫人貌比西施，會彈奏各種樂器，舞技高超，她擅跳「翹袖折腰」之舞，其舞姿優美，甩袖和折腰都有相當的技巧，且花樣繁複。戚夫人舞時只見兩支彩袖凌空飛旋，嬌軀翩轉，極具韻律美。當時有《出塞》、《入塞》、《望婦》等曲，一經戚夫人的嬌喉，抑揚宛轉，讓人十分銷魂。

戚夫人有一子名叫如意，言談舉止都有劉邦的風範，她日夜在劉邦前顰眉淚眼，求立子如意為太子。劉邦不免心動，且因太子劉盈秉性柔弱，不若如意聰明，且性格不像自己，索性趁早廢立，既可討好戚夫人，又可保全社稷。呂后也隨時提防太子被廢，視戚夫人母子為眼中釘。只是自己色衰爰弛，與劉邦咫尺天涯，比不上戚夫人床笫間的嫵媚，所以太子處境很危險。

如意年已十歲，劉邦想讓他去封國。戚夫人未語先泣，劉邦便婉言對戚夫人說：「妳莫非為了如意？我本思立為太子，只是廢長立幼，名義未順，只好再從長計議！」戚夫人聽了此言，索性號哭失聲，宛轉嬌啼，不勝悲楚。劉邦又憐又憫，不由地脫口說：「別哭，別哭，我這就立如意為太子。」

第二天臨朝時劉邦提出廢立太子的問題，群臣都很驚駭，黑壓壓的跪了一地，同聲力爭。都說立嫡以長是古今通例，且東宮冊立有年並無過失，不可無端廢立。後封如意為趙王，讓戚夫人大失所望。

劉邦在個人偏好與正統原則之間徘徊多年，內心充滿痛苦。掌璽御史趙堯，揣知劉邦隱情，便推薦周昌為趙王相，因為周昌素來為呂后、太子及內外群臣所敬畏，讓他保護趙王如意，就可無虞，劉邦便召周昌為趙相。周昌遂奉趙王如意出都就國，趙王如意與戚夫人話別，戚夫人又灑了許多眼淚。

呂后為了確保兒子劉盈的太子地位，求教於張良，張良出計，請出商山四皓，以使太子在朝廷的地位顯得益發莊重而不可動搖。所謂「商山四皓」是商山之中的四位白髮隱士，先後為避秦亂而結茅山林。不久劉邦病癒，置酒宮中，召太子侍宴。太子應召入宮，四皓一同進去。劉邦心中很驚訝，當聽說他們就是商山四皓時，便知道太子羽翼已成，已不可廢。心裏也很難受，勉強喝了點酒，草草罷宴。

不久劉邦因病去世，太子劉盈繼位，是為惠帝，尊呂后為皇太后。呂后對劉邦所寵愛過的宮人「皆幽之不得出宮」。她平生所最切齒的就是戚夫人，把戚夫人罰為奴隸，且將戚夫人剪光頭髮。可憐戚夫人的萬縷青絲，盡被宮役拔去，還要她卸下宮裝，身穿赭紅色的囚服，驅入永巷內囚禁，然後戴著枷舂米，每日勒限舂米一石，若少半升，即杖百下。戚夫人雖然出身民間，但從十八歲嫁了逃難中的漢王劉邦，一向受到寵愛和嬌慣，只知彈唱未嫻井臼，一雙柔荑的玉手，如何禁得起那個石杵？但呂后苛令甚是森嚴，於是她勉力掙紮。一天實在累了，便一面流淚舂米，一面編成一歌，且哭且唱道：「子為王，母為虜！終日舂，薄暮常與死相伍！相離三千里，誰當使告汝！」

歌中寓意，是紀念趙王如意。呂后聞知憤然大罵說：「賤奴尚想倚靠兒子嗎？」說著，便使人速往趙國，召趙王如意入朝。一次往返，趙王不至，二次往返，趙王仍然不至。呂后越加動怒，問明使人，全被趙相周昌一人阻止。周昌曾對朝使說：「先帝囑臣服侍趙王，現聞太后召王入朝，明明是不懷好意，臣故不敢送王入都。王亦近日有病，不能奉詔。」呂后於是想出一個調虎離山的辦法，征周昌入都。一面派使飛召趙王，趙王已失去周昌，無人做主，只得應命到來。

當時惠帝雖年幼，卻是心地仁厚，他見戚夫人受罪，已覺呂后所為，未免過分。至趙王一到，料知呂后不安好心，便親自出迎，與趙王一同居住，以免呂后暗中加害。呂后見了趙王，恨不得親手下刃，但有惠帝在側，未能驟然發作，勉強敷衍數語。惠帝邀趙王至自己宮中，飲食臥起，俱由惠帝留心保護。趙王想見一見生母，惠帝婉言勸慰他慢慢設法相見。趙王年幼，遇事不能自主，並且害怕呂后動怒，只好含悲度日。呂后日夜想害死趙王，惠帝只能隨時防護趙王。但百密也有一疏，一天惠帝要去射獵，天氣尚早，趙王還未醒，惠帝不忍喚起，以為稍離半日，諒亦無妨，因此即決定外出。待至射獵歸來，趙王已七竅流血斃命。惠帝大哭一場，不得已吩咐左右，用王禮殮葬，謚為隱王。

惠帝正獨自悲哀，忽有宮監奉呂后命，來引惠帝去看「人彘」。惠帝從未聽說過「人彘」，覺得很新穎，便跟著太監去看。宮監曲曲折折，導入永巷，趨入一間廁所中，開了廁門，指示惠帝說：「廁內就是『人彘』。」惠帝向廁內一望，看見是一個人身，既無兩手，又無兩足，眼內又無眼珠，只剩了兩個血肉模糊的窟窿，身子還稍能活動，一張嘴開得甚大，卻不聞有什麼聲音。看了一回，又驚又怕，不由的縮轉身軀，問宮監這是什麼東西？宮監說出戚夫人三字。一語未了，把惠帝嚇得幾乎暈倒，勉強按定了神，想問個仔細。宮監附耳說是呂后砍掉她的手足，挖去她的眼睛，熏聾她的耳朵，再強灌下啞藥，使其不能言語，然後半死不活地拋入廁所。當時趴在地上的戚夫人，已不像一個人形，成了一段血肉模糊的東西。惠帝大哭起來，回去後大病一場，臥床歲餘不能起。他派人對太后說：「人彘之事，非人所為。戚夫人隨侍先帝有年，為何使她如此慘苦？臣為太后子，終不能治天下！」從此，惠帝日夜飲酒作樂，七年後死去。

在呂后與戚姬的這場博弈之中，起初戚姬由於有劉邦做後盾，她是一隻實力稍強的鬥雞，因此呂后並沒有與其發生正面的交鋒。然而戚姬並不會利用自己的優勢去除掉呂后，而只是一味地哀求劉邦。當劉邦死後，呂后抓住時機發起進攻，成為了一隻強勢的鬥雞。由此，戚姬的軟弱給自己留下了無窮的後患。

箴言：「求之於勢，不責於人。」—孫子

先發制人放手一搏——李世民玄武門之變

歷史並不按照道德的原則發展，而是依據博弈的結果。一個天才的政治家，在需要的時候，總會毫不猶豫的使用各種手段，乃至於陷害、策反、謀殺……而後大講仁義道德，以建立統治秩序，這就是歷史給予我們的昭示。

在中國的歷史中，為了謀取皇權打破道德觀念的博弈屢見不鮮：楚成王兒子商臣，逼迫成王自殺；吳國公子光派專諸刺殺王僚；西漢末年的王莽篡漢；西晉的「八王之亂」；三國時期的曹操、司馬昭擅權；隋朝的楊廣弒父殺兄；唐初的李世民「玄武門之變」；宋代的趙匡胤「黃袍加身」；明朝的朱棣「靖難」之變等等。這些史實都證明了在封建皇朝，存在著兩種大搏弈。一種博弈發生在皇帝和皇儲（太子）之間，另一種博弈發生在皇帝和權臣之間。皇帝和皇儲親生骨肉，也會為了權力生死相搏。虎毒尚且不食子，帝王家庭內，卻會上演父（母）殺子，子弒父，或兄弟相殘的慘劇。

在隋末天下大亂之際，許多隋朝的官吏也紛紛造反，擁兵自立，其中李淵父子的太原起兵最終建立了唐朝。李淵的次子李世民是諸子中最有才能、膽識過人的一個。當時割據一方的群雄彼此相互攻伐，人人都想君臨全國。唐高祖繼位後，乃以李世民為帥，領兵削平群雄，最終剷除了割據朔方的梁師都，全國復歸統一。

李淵正妻竇氏生有四子，三子玄霸早亡，其餘長子建成、次子世民、四子元吉都隨父親打天下。唐朝建立後，高祖封李建成為太子，李世民為秦王，李元吉為齊王。秦王李世民從小喜歡騎馬射箭，練就一身精湛功夫，又深諳兵書戰策，善於謀略，自太原起兵到統一全國，戰功顯赫，而且手下有一批人才。在秦王府中，文有房玄齡、杜如晦等，號稱十八學士；武有尉遲敬德、秦叔寶、程咬金等著名勇將。但李世民與日俱增的聲望和實力，引起了太子李建成的嫉妒和不安。李建成在統一戰爭中有很大的功勞，加上長期留守京師長安，也有很強大的政治力量，但和秦王李世民相比就大為遜色了。只因為他是高祖的長子，才取得太子的地位。

李淵的四子齊王李元吉對皇位也有覬覦之心，他感到秦王的強大威脅，知道自己在競爭中的劣勢地位，由於共同的目標，李建成和李元吉結成了暫時的同盟，一起排擠李世民。建成、元吉知道唐高祖寵愛一些妃子，就經常在這些寵妃面前拍馬送禮，討她們的歡喜，而李世民就沒有這樣做。李世民平定東都之後，有的妃子私下向李世民索取隋宮裏的珍寶，還為她們的親戚謀官做，都被李世民拒絕了。於是，寵妃們常常在高祖面前說太子的好話，講秦王的壞處。唐高祖聽信寵妃的話，跟李世民漸漸疏遠起來。另一方面，太子建成與元吉還千方百計想除掉李世民。有一次，建成請李世民到東宮去喝酒，李世民喝了幾盅，忽然感到肚子痛，別人把他扶回家裏，他一陣疼痛，竟嘔出血來。李世民心裏明白，一定是建成在酒裏下了毒，趕快請醫服藥，總算慢慢好了。

建成、元吉兩人又想將秦王府的一些勇將收買過來。建成私下派人送了一封信給秦王手下的勇將尉遲敬德，表示要跟尉遲敬德交個朋友，還給尉遲敬德送去一車金銀。尉遲敬德跟太子建成的使者說：「我是秦王的部下。如果私下跟太子來往，對秦王三心二意，我就成了個貪利忘義的小人。這樣的人對太子又有什麼用呢？」說著，他把一車金銀原封不動地退了。建成受到尉遲敬德的拒絕，氣得要命，當天夜晚，元吉派了個刺客到尉遲敬德家去行刺。尉遲敬德早就料到建成他們不會放過他，一到晚上，故意把大門打開。刺客溜進院子，隔著窗戶偷看，只見尉遲敬德斜靠在床上，身邊放著長矛。刺客知道他的名氣，怕他早有防備，沒敢動手，偷偷地溜回去了。

西元六二六年，突厥進犯中原，建成乘機向唐高祖建議，讓李元吉代替李世民帶兵北征。唐高祖任命元吉做主帥後，元吉又請求把尉遲敬德、秦叔寶、程咬金三員大將，和秦王府的精兵都劃歸元吉指揮。他們打算把這些將士調開以後，就可以放手殺害李世民。有人把這個秘密計畫報告了李世民，李世民感到形勢緊急，連忙找長孫無忌和尉遲敬德商量，兩人都勸李世民先發制人。李世民說：「兄弟互相殘殺，總不是件體面的事。還是等他們動了手，我們再來對付他們。」尉遲敬德、長孫無忌都著急起來說，如果李世民再不動手，他們也不願留在秦王府白白等死。李世民本身也不願將自己創下之江山拱手讓人，遂決心發動政變。

武德九年六月三日，秦王向父皇密奏太子、齊王淫亂後宮、多次圖謀害己之事，高祖決定明日一早，召他們兄弟三人進宮，由他親自查問。

次日早晨，李世民叫長孫無忌和尉遲敬德帶了一支精兵，埋伏在皇宮北面的玄武門，只等李建成、李元吉進宮。沒多久，兄弟二人騎著馬朝玄武門來了，他們到了玄武門邊，覺得周圍的氣氛有點反常，兩人調轉馬頭準備回去。李世民從玄武門裏騎著馬趕了出來，高喊說：「殿下，別走！」李元吉轉過身來，拿起身邊的弓箭就想射殺李世民，但由於內心慌張，連弓弦都拉不開。李世民眼明手快，一箭射死皇太子李建成，緊接著尉遲敬德帶了七十名騎兵一起衝了出來，尉遲敬德一箭射殺了齊王李元吉。東宮和齊王府的將士聽到玄武門出了事，全部出動，猛攻秦王府的兵士。李世民一面指揮將士抵抗，一面派尉遲敬德帶兵進宮。

唐高祖正在皇宮裏等著三人去朝見，尉遲敬德手拿長矛氣喘吁吁地衝進宮來，說：「太子和齊王發動叛亂，秦王已經把他們殺了。秦王怕驚動陛下，特地派我來保駕。」高祖這才知道外面出了事，嚇得不知道該怎麼辦才好。宰相蕭瑀等說：「建成、元吉本來沒有什麼功勞，兩人嫉妒秦王，施用奸計。現在秦王既然已經把他們消滅，這是好事。陛下把國事交給秦王，就沒事了。」唐高祖見木已成舟，只好聽左右大臣的話，宣佈建成、元吉罪狀，命令各府將士一律歸秦王指揮。

六月七日，高祖詔立李世民為太子。這年八月，高祖又被逼讓出皇位，自稱太上皇，傳位給太子李世民，是為唐太宗，次年改為貞觀，從而使中國進入一個繁榮時期—貞觀之治。

「玄武門之變」，是李建成、李世民兄弟長期爭奪皇儲地位的結果。在這場博弈中，李世民的獲勝，與其先發制人的戰略有著不可分割的關係。在爭權的整體形勢來說，李建成、李元吉等一再打擊秦王府的勢力，使得李世民一直處於被動挨打的地位。而在玄武門事件中，李世民善於籠絡人心，並借助先發制人之利，搶先放手一搏，從而大大彌補了其勢力不足的弱點，最終取得了勝利。

就玄武門事變，從當時的整個政治形勢、力量對比來看，確實是一個極其大膽和冒險的行動，其成功的把握實在並不大。關鍵就在於，李世民細心謀劃，長久準備，敢於選擇這樣一個別人想像不到的地方，突然下手。當然，李世民也別無辦法，就像下圍棋一樣，全面處於劣勢的一方，只能緊緊咬住一個可能的機會，置生死存亡於不顧，全力搏擊，以求一勝。而李建成的失敗在於他優勢意識太強，既想除掉李世民，還想同時保住仁人君子的美名，結果自遺禍患，死於非命。正因為在專制政治的權力鬥爭中，充滿風雲變幻，偶然的因素太多，所以有經驗的政治家並不怎麼相信優勢地位的可靠性，往往在優勢狀況下也及早採取非常手段，甚至在一個可能的對手尚未成為真正的對手時，就加以消滅。

從道德上講，「玄武門之變」不算正義的。但是，歷史並不是按照道德原則發展的，玄武門事變的道德評價，似乎也不重要。我們不妨從博弈的角度看這件事，這是一個非常成功的危機處理實例。在處於劣勢的局面中，在沒有退路的時候，一定要有果敢的精神和決鬥的勇氣，這樣才可能得到命運之神的眷顧。

箴言：「天予不取，反受其咎，時至不行，反受其殃。」—劉向

冰炭不同器，寒暑不同時——司馬光與王安石的變法風雲

社會的變革經常是社會各個利益群體之間的博弈。一場變革的發生，需要長時間的醞釀，需要培養出變革的生力軍，需要此消彼長的過程。社會處處體現著博弈，任何博弈都存在著三方，一方是一些已經無法適應社會的變革，體制一旦改變，便會利益盡失的一群人；一方是希望短時間內利用變革的力量一下子得到利益的人；一方是中間派，他們習慣了既有體制，卻也可以承受體制變革的劇變。

西元一〇六七年，是一個對後世產生了重要影響的年份。這一年正月，宋英宗病逝，法定的接班人皇太子趙頊承嗣大統當了皇帝，即宋神宗。於是，便有了著名的「熙寧變法」。變法是宋神宗新官上任三把火的頭一把，因為它是從趙頊登基的第二年即熙寧元年（西元一〇六八年）開始的，因此叫「熙寧變法」。後面的兩把火，則是元豐年間的「改制」（改革官制和兵制）和「用兵」（進攻西夏）。

宋神宗是個志向非凡的人，他自幼便痛心於對遼國和西夏的屈辱退讓，焦心於國家的

財政緊蹙和朝廷的萎靡不振，恨不得一夜之間就讓自己的王朝振作強大起來。他多次對臣僚說：「天下弊事至多，不可不革。」又說：「國之要者，理財為先，人才為本。」問題是，到哪裡去找既敢於改革又善於理財的人呢？他想到了王安石。

在宋神宗繼位之前，王安石他考中進士以後，曾分配到淮南當判官。照規矩任期期滿後，可以通過提交論文的方式，在京師謀一個體面的官職。王安石卻不這樣做，卻調任鄞縣當縣長。在鄞縣他「起堤堰，決陂塘，為水陸之利」，實實在在的為民辦事。更重要的是，他還「貸穀與民，出息以償，俾新陳相易，邑人便之」；這其實就是他後來變法的預演。正因為如此，當王安石與宋神宗君臣相遇時，他就能胸有成竹地侃侃而談了。熙寧元年四月，宋神宗問王安石：「要治國，何為先？」王安石答曰：「擇術為先。」神宗又問，你看唐太宗怎麼樣？這時，身為翰林學士的王安石居然回答說：「要做就做堯、舜，做什麼唐太宗呢？」這當然很對宋神宗的胃口，不過這時宋神宗還很猶豫。他還要繼續考察，看看這個口出狂言的中年人究竟是不是自己尋覓已久的人選。直到王安石已任參知政事（副宰相）的熙寧二年，在君臣雙方一次金殿對策後，宋神宗才下定決心，銳意革新，厲行變法，並由王安石來主持這項工作。

王安石將新法分為四類：一是救濟農村的，如青苗法、水利法；二是治理財政的，如方田法、均稅法；三是二者兼顧的，如免役法、市易法、均輸法；四是整飭軍備的，如置將法、保甲法、保馬法。這些新法如果不走樣的得到實行，宋神宗皇帝朝思暮想的富國強兵、重振朝綱，就不再是夢想。

看來，王安石的變法方案並非一時衝動，而是深思熟慮的結果。宋神宗的決心也很大，並為此專門設立了變法的領導機構「制置三司條例司」。不久，均輸、青苗、水利、免役、市易、方田、均稅、保甲、保馬諸法相繼實施，一場關乎國運興衰、民心順逆的重大改革運動在全國展開。

但令宋神宗和王安石都沒有想到的是，這次改革不但阻力重重，而且一敗塗地。反對變法的頭號人物是司馬光。司馬光也不是等閒人物，他的文章道德，都足以和王安石相抗衡。王安石生活簡樸，司馬光不喜奢靡；王安石才高八斗，司馬光學富五車；王安石忠心耿耿，司馬光憂國憂民；王安石勇於任事，司馬光敢於直言；王安石上過萬言書，司馬光也上過「三紮子」（一論君德，二論御臣，三論揀軍）。可見司馬光和王安石一樣，也一直在關注和思考著國家的命運與前途。還有一點也很相同，即他們都不是空頭理論家，也都不是書呆子。在處理具體政治事務時，都能提出具有可操作性的辦法來。所以，司馬光和王安石，都是國家的棟梁之才。他們兩個的對弈，那可真是棋逢對手，將遇良才。

在許多人的心目中，司馬光是個因循守舊、頑固不化的守舊分子，其實不然。面對嚴重的社會問題，司馬光也主張改革現狀，並提出自己一整套治國主張。在變法之初，司馬光就曾對宋神宗皇帝明確指出：「國用不足，在用度太奢，賞賜不節，宗室繁多，官職冗濫，軍旅不精。」顯然，這都是政治問題，不是經濟問題，更不是技術問題。因此改革必定是一個系統工程，當然只能從長計議。

司馬光不只一次向宋神宗進言，要從用人、理財等方面緩解已經出現的各種弊端。但隨著變法的深入，司馬光與主持變法的王安石之間分歧越來越大。就其竭誠為國來說，二人是一致的，但在具體措施上，各有偏向與側重。

為了推行新政，王安石給全國各地都下達了貸款指標，規定各州、各縣每年必須貸出多少。這樣一來，地方官就只好硬性攤派了。當然，層層攤派的同時，還照例有層層加碼。於是，不但貧下中農，就連富裕中農和富農、地主，也得「奉旨貸款」。不貸是不行的，因為貸款已然立法。誰不貸款，就是犯法！結果，老百姓增加了負擔，地方官增加了收入，而且，他們的尋租又多了一個旗號，可以假改革之名行腐敗之實了。改革幫了腐敗的忙，這是王安石始料所未及的。

這次改革的直接目的原本就是要增加國家財政收入，這樣一種改革，說得好聽叫理財，說得不好聽就只能叫聚斂。在當時的條件下，國民生產總值基本上是一個常數。財富不藏於國，即藏於民。國庫裏的錢多了，老百姓手裏的錢就少了，這正是所謂保守派主張漸進式改革甚至暫不改革的原因之一。正是因為如此，變法派與守舊派展開了激烈的鬥爭。不僅朝中的司馬光、范鎮、趙瞻紛紛上書陳述對新法的不同看法，就連在京外的韓琦、富弼等元老重臣也不斷向宋神宗表達自己對王安石及其新法的不滿。司馬光與呂惠卿為了青苗法還在宋神宗面前爭辯不已。宋神宗雖預料到實行變法會遇到阻力，但守舊派反對的聲音一浪高過一浪，卻是他始料未及的。

宋神宗也曾試探的對王安石說：「外面有人說，朝廷不怕天變，不顧輿論，不遵守祖宗法度，你怎麼看？」王安石回答說：「陛下認真處理政務，做每件事都擔心傷害百姓，這就是害怕天變。陛下聽從臣下的忠告，這就顧到了輿論。況且，對於人們的輿論，也要看一看是否合理，如果我們做得合理，就不怕別人說長道短。至於祖宗的法度也是經常變的，不能死守著不放。」宋神宗勸王安石對新法稍微做點修改，但王安石卻堅持不改。

與此同時，另一股勢力也在影響著宋神宗，那就是來自後宮的巨大壓力。守舊派大都是元老重臣，他們得到宋神宗的祖母曹太后和母親高太后的支持。這兩個太后也在宋神宗面前哭著，攻擊新法說：「王安石把天下搞亂了。」宋神宗面臨朝廷和後宮的雙重阻力，內心的煩躁、矛盾可想而知。

宋神宗本想透過變法，使百姓安居樂業，他萬萬沒想到竟然會是這樣的結局。宋神宗不得不下令暫罷青苗、免役、方田、保甲等十八項法令。儘管這些法令不久在呂惠卿、鄧綰等人的要求下得以恢復，但是，宋神宗與王安石之間開始出現裂痕，互相的信任也受到嚴峻的考驗。這對變法派而言，無疑是不祥的訊息。由於保守派勢力強大，反對激烈，宋神宗逐漸動搖起來。王安石兩次被迫辭職，第二次辭職後，他就一直住在江寧府，再也沒有出來做官。

西元一〇八三年，宋神宗病死，十歲的宋哲宗趙煦繼位。高太后執政，用反對王安石的司馬光做宰相，新法一個個被廢除了。

在「熙寧變法」的博弈中王安石和司馬光二人，既不是奸佞，也不是小人。他們的個人品格，用道德的標準來衡量，可以說都是高尚的。王安石質樸節儉、博學多才，在當時士大夫中有極高威望。而司馬光一生光明磊落、忠誠老實、清廉仁厚、不貪不奢，他是中國歷史上唯一不坐轎子、不納妾、死後無任何遺產的宰相。

司馬光偏重於透過倫理綱常的整頓，來把人們的思想束縛在原有制度的制約之內，即使改革也定要穩妥，認為「治天下譬如居室，敝則修之，非大壞不更造也」，因為「大壞而更改，非得良匠美材不成，今二者皆無，臣恐風雨之不庇也」。司馬光的主張雖然偏於保守，但實際上是一種在「守常」基礎上的改革方略。從王安石變法中所出現的偏差和用人不當來看，證明了司馬光在政治上的老練和穩健，除了魄力不及王安石外，政治上是成熟的。

王安石在變法中，對客觀形勢做了錯誤的評估，特別是對他自己做了過高的評價，無形中助長了他的過分自信，也助長了他的剛愎自用、老子天下第一的狂妄性。以致在新法的實施中，他對事實上存在的嚴重問題和弊端，視而不見、聽而不聞。其必然結果是，新法頒行以後，國家財政收入雖有巨額的增長，但百姓不僅沒有享受到「新法」的好處，處境未見改善，反而大大加重了負擔，苦不堪言，怨聲載道。又因在政治上、思想上、理論上，諸多條件的準備不足，使得王安石在變法以前經過多年建立起來的威望，在變法以後逐步喪失，形成了完全孤立，除了不光彩地引退以外，已沒有任何出路了。

箴言：「窮則變，變則通，通則久。」──《周易》

韜光養晦尋贏道——徐階伺機而動除嚴嵩

在中國古代的官場權勢博弈中，劍拔弩張、鋒芒畢露者，總是容易引起政敵的猜忌和不安，使人感到畏懼和威脅，因此難免樹敵招怨，壯志難酬。與此相反，那些庸庸碌碌、胸無大志的人們，則可以使對手在心理上產生一種安全感，因此容易被輕視和忽略，反而能夠出人意料地成功。於是，不示人以大志，便成為博弈中一種重要的手段。

嘉靖時，宦官的勢力受到排斥，形成權臣專政的局面。在權臣之間，又出現長期的門戶之爭。內閣大學士開始有首輔、次輔和群輔的區別，首輔位極人臣，一切朝政都歸其調度。為爭奪首輔的權位，大學士聯冊結黨，攀引門生，互相傾軋排擠，採用各種博弈術打敗對手。嚴嵩、徐階等都是透過這些手段出任首輔的。

嘉靖二十一年，憑藉議禮而得寵、當權六年之久的夏言被罷免，嚴嵩取代了夏言的位置。自此以後的二十年，除了嘉靖二十四年至嘉靖二十七年的三年，基本上是嚴嵩一手遮天。在一個極端專制的皇權政治體系裏，誰控制著與皇帝溝通的管道，誰就可能獲得權力。從嘉靖十八年起，嘉靖就基本上不怎麼上朝，一些大臣們基本上見不到皇帝。嚴嵩卻時常能見到嘉靖，有時皇帝一天可能給嚴嵩下幾道手詔，其寵幸可見一斑。

嚴嵩的青詞寫得極好的，曾經一度無人能夠望其項背。青詞是一種賦體的文章，要求能夠以極其華麗的文字表達出皇帝對上天神靈的敬意和誠心。嘉靖求仙心切，性子又急，所以青詞總是供不應求。然而嚴嵩原本就是頗負盛名的詩人，文學修養很高，自然長袖善舞。嚴嵩又盡心，使出渾身解數，殫精竭慮，揣摩鋪張。結果一來二去，嚴嵩寫的青詞受到了嘉靖青睞。

嚴嵩雖然平日往往能夠揣摩嘉靖的心意，但是隨著他執政日久，已年老體衰，耄耋而智昏，辦事能力下降，遲鈍不支，記憶力大減，青詞也越寫越差，有時甚至連嘉靖所下的手諭中許多話他也都弄不清楚了。嘉靖皇帝漸漸對他產生了厭煩，故而逐漸疏遠他。有什麼事情多找徐階處理，而不用嚴嵩；即使用嚴嵩的時候，也多是讓他起草一些祠祀文而已。

嚴嵩與徐階都是內閣大學士。和嚴嵩一樣，徐階得寵，也是因為會寫青詞。他在嘉靖三十一年以禮部尚書的身分兼東閣大學士，排在嚴嵩（首輔）和李本（次輔）的後面，他一直是嚴嵩的死對頭。徐階的入閣，使嚴嵩本能地感到威脅，便多次對徐階加以陷害，然而徐階每次都能從容對付，化險為夷。其間原因固然有徐階的權術謀略，也有嘉靖的偏袒庇護。兩人共事近十年，嚴嵩多次設計陷害徐階，徐階裝聾做啞從不與嚴嵩爭執，甚至把自己的孫女嫁給嚴嵩的孫子，表面上十分恭順。

嘉靖實在是喜歡徐階的青詞了，簡直就是愛不釋手。徐階就利用與皇帝接近的機會，儘量離間嘉靖與嚴嵩的關係，動搖嚴嵩的地位。到了嘉靖四十年五月，李本離職，徐階升任次輔，嚴嵩就更扳他不倒了。何況嚴嵩這時也力不從心，自身難保。

為了促使嘉靖儘快下決心罷黜嚴嵩父子，徐階便利用嘉靖篤信道教的特點，設法表明除掉嚴嵩乃是神仙玉帝的意旨。嘉靖四十一年，他介紹嘉靖與道士藍道行接觸。一日，嘉靖問道士藍道行誰是小人。藍道行說：「賢如徐階、楊博，不肖如嵩。」這件事被御史的鄒應龍知道。於是，鄒應龍便上疏彈劾嚴嵩、嚴世蕃父子。

自鄒應龍告發嚴嵩父子，嘉靖皇帝下詔查辦嚴嵩父子。此時的徐階並未馬上落井下石，還親自到嚴嵩家安慰。這一行動使得嚴嵩深受感動，叩頭致謝。嚴世蕃也率妻子乞求徐階為他們在皇上面前說情，徐階滿口答應。

徐階回家，他的兒子徐番迷惑不解，說：「你老受嚴家父子的侮辱陷害，已經那麼多年，現在是該出口氣的時候了。」徐階佯裝十分生氣，罵徐番說：「沒有嚴家就沒有我的今天，現在嚴家有難，我負心報怨，會被人恥笑的！」嚴嵩派人探聽到這一情況，信以為真。嚴嵩已去職，徐階還不斷寫信慰問。嚴世蕃也說：「徐老對我們沒有壞心。」殊不知，徐階只是看到嘉靖皇上對嚴嵩還存有眷戀之情，況且皇上又是個反覆無常的人，嚴嵩的爪牙也在四處活動，因此認為時機還不成熟。

同年五月，嘉靖對嚴氏父子做出批復：嚴嵩給米百石，退休回家，嚴世蕃發配雷州充軍。嚴嵩倒了但沒有死，嚴世蕃也活得很滋潤，他並沒有到雷州衛服刑，只在廣東南雄住了兩個月就溜回家了。回家以後也不韜光養晦，反倒大興土木，修建私宅，這就引起了地方官員的注意。更糟糕的是，地方官注意嚴府，嚴世蕃卻沒注意，氣焰十分囂張。有一次，袁州府推官（專管刑獄的官員，正七品）郭諫臣到嚴府辦公室，嚴府家奴非常無禮，公然不把他這個朝廷命官放在眼裏。郭推官嚥不下這口氣，一狀告到巡江御史林潤那裡。林潤也是一個想把嚴家置於死地的，正好手上也抓住了嚴世蕃的把柄—與羅龍文過從甚密。羅龍文是倭寇王直的親戚，而且和嚴世蕃一樣，也是從流放地私自逃回的。於是林潤上奏朝廷，狀告嚴世蕃和羅龍文網羅江洋大盜，私用違制車服，日夜誹謗朝廷，聚眾四千餘人，「道路皆言，兩人通倭，變且不測」。

徐階終於等來第二次打擊嚴氏的機會。他抓住御史林潤上疏的機會，捏造了一個莫須有的罪名，說嚴世蕃結交倭寇。這是謀反大罪，皇帝自然極其重視，立即下詔責令刑部尚書、都御史和大理寺卿進行「三司會審」。

皇帝在嘉靖四十四年三月二十四日下詔，以「交通倭虜，潛謀叛逆」的罪名判處嚴世蕃死刑。兩年後，嚴嵩也在老病、饑餓、恐懼、孤寂、哀怨、無奈之中，死於寄食的墓舍草廬裏，終年八十七歲。他死後既無人弔唁，也沒有棺木殯葬，情景十分悲慘。就這樣，嚴嵩二十年的政壇經營，一朝便瓦解在徐階的手。

徐階不愧是官場老手，他的韜晦功夫非常到家。他深諳博弈中以卵擊石無異於自取滅亡的道理，若是韜光養晦，伺機而動，便能取勝。「官場如戰場」，倘若實力不足，最好少惹是非，應該息事寧人。透過籌謀妙算，迷惑、麻痺對手，然後尋找時機置其於死地。在徐階與嚴嵩的博弈中，徐階一直處於劣勢一方，所以他採取了退讓、隱忍，而後伺機而動。徐階這種量力而行，不做自己無能為力的事情，並且韜光養晦，積蓄力量的智謀，或許使我們後人應該能從中領悟到一些人生哲理。

箴言：「挫其銳，解其紛，和其光，同其塵，是謂玄同。」—老子

智與能的結合——康熙智除鼇拜

歷史上，宮廷內部的明爭暗鬥、形形色色的陰謀詭計，層出不窮，屢見不鮮，有流血的，有不流血的，有的甚至引起國家大亂、政權覆亡。康熙智擒奸相鼇拜就是一場獨具匠心、設計巧妙的博弈，行動乾淨俐落，在神不知鬼不覺之中，便把權傾朝堂的鼇拜制服，不動聲色地把國家大權奪回自己手中。

康熙名玄燁，八歲那年父親順治帝去世，他便登基當了皇帝。因為還是個孩子，不能處理朝政，順治死前留下遺囑，任命自己最信任的索尼、蘇克薩哈、遏必隆、鼇拜四人為輔政大臣，輔佐年幼的康熙，執掌朝政。索尼感到責任重大，立即代表四人宣誓：「共生死，輔佐政務；不偏私親戚，不計怨仇，不求不義之富貴，不聽兄弟子侄之私言，不接受賄賂，不結黨營私，只以忠心報答已故皇上信賴之恩。」四大臣信誓旦旦，忠心可嘉。

可是，沒過多久，鼇拜就把誓言忘得一乾二淨。鼇拜平時專橫跋扈，居功自傲，盛氣凌人，朝中文武官員多半都怕他。他一受「顧命」，就利用權勢迫害和他意見相左的人。

內大臣費揚古是開國元勳，因為和鰲拜有矛盾，便被陷害處死。

鰲拜的野心很大，在四大臣中，他位在最末，可是他不甘居人後，總想自己獨攬大權，凡事恣意橫行，不准別人提異議。索尼是四朝元老，資歷最深，列輔臣首位。但他年老多病，管不了多少事，對鰲拜無可奈何。遏必隆明哲保身，凡鰲拜所為都一一默認。只有蘇克薩哈不服，經常和鰲拜爭論。為調換旗地事宜，兩人的矛盾勢同水火。

八旗兵初入關時，曾一度爭相圈佔土地。鰲拜屬鑲黃旗，他看中了正白旗的土地，竟提出互換。負責辦理調換旗地的大學士兼戶部尚書蘇納海及直隸總督朱昌祚、巡撫王登聯三人，認為此事不可行，請求停止圈換。鰲拜大怒，立即下令將蘇、朱、王三人逮捕，交刑部議罪，並提出應處以死刑。蘇克薩哈屬正白旗，堅決反對調換旗地，不同意將蘇、朱、王三人處死。康熙感到此事複雜，不便馬上做出決定，沒有同意鰲拜的主張。事後，鰲拜竟假藉旨意，竟把蘇、朱、王三人殺掉。因為這件事，鰲拜轉怒於蘇克薩哈，動了殺機，伺機下手。

康熙六年七月，康熙年十四歲時，正式親政。在此之前一個月，索尼病故，蘇克薩哈感到難與鰲拜共事，產生退隱之念，便向康熙請求辭去輔政大臣的職務，允許他去守護先帝陵寢，以保全餘生。康熙下旨挽留，因不解其中原由，命議政王大臣問明奏來。蘇克薩哈要求辭職守陵，意在逼使鼇拜交權，因而激怒了鼇拜。鼇拜乘機興大獄，與黨羽策劃，給蘇克薩哈定了二十四條罪狀，擬將蘇及其長子內大臣查克旦處以殘酷的磔刑，其子六人，孫子一人，兄弟之子二人，還有同族人前鋒統領白爾赫圖、侍衛額爾得等一律處斬。康熙多少隱約知曉一些他們兩人的矛盾，因而沒有批准鼇拜這個要求。鼇拜上殿，當面與康熙爭辯，康熙仍不同意。

鼇拜急了，揮拳強辯，疾聲厲色，把康熙嚇得心驚膽顫。逼了幾天，康熙被迫批准了鼇拜的全部要求，只將蘇克薩哈的磔刑改為絞刑，算是對有功之臣的一點微小的照顧。可憐蘇克薩哈征戰幾十年，功勳之家卻落得一個滅族的悲慘結局！

害死蘇克薩哈後，鼇拜更加肆無忌憚，為所欲為，班行章奏，自列首位。遏必隆甘居其後，事事都聽鼇拜擺布。康熙八年元旦，鼇拜率諸臣上殿朝拜，身穿一黃袍，式樣和質料儼如皇帝，所不同者，只是帽子上打了個紅絨結，而康熙戴的是一顆東珠，康熙雖已親政，但朝廷實權仍掌握在鼇拜之手。鼇拜大肆結黨營私，把其黨羽包括兄弟子侄都安插到朝廷各個部門，這樣，鼇拜便牢牢控制了政局。每有大小事件，如任免官員、實施政策等，諸臣都先到鼇拜家裏議定，然後再通知康熙實行，這等於把康熙置於傀儡地位。康熙很惱火，但一時也沒有辦法。

鼇拜勢焰日熾，進逼不已。他視康熙年幼可欺，每當議事時，動輒高聲呵斥廷臣，每決一事，必欲康熙屈從他的意志。有一次，鼇拜故意裝病不朝，康熙親自到他家裏問疾，竟在寢室裏發現炕席上放了一把短刀。按照規定，臣屬面見皇帝身邊不許攜帶任何兇器，否則即以圖謀不軌論處。

鼇拜根本不把康熙放在眼裏，毫無顧忌地把兇器放在身邊。康熙裝作並不介意，一邊笑著，一邊從容地說：「刀不離身，只是滿洲的故俗，不必大驚小怪。」慰勞了幾句，便回宮去了。

鼇拜及其黨羽所作所為，引起康熙的嚴重憂慮。鼇拜集團的存在是對皇權的嚴重威脅，為了奪回權力，康熙決計除掉他。但鼇拜手握兵權，掌握朝中大權，其勢力廣布朝廷上下，弄得不好，會招來一場大亂。所以康熙不敢興師動眾，貿然行事，於是暗中準備計擒鼇拜。

康熙召索額圖進宮密謀，索額圖是索尼的兒子，當了康熙的侍衛，以忠誠任事得到康熙的信任。密謀後，康熙以陪伴自己娛樂為名，下令在八旗子弟中挑選身體強壯的十來歲孩童進宮。共選了十餘人，果然個個長得結實、機靈。康熙很高興，讓這些孩童天天練習並表演角鬥、摔跤。

鼇拜進宮奏事，康熙也不讓他們迴避，故意讓他看見孩子們在摔跤玩耍，有時康熙也混在其中，玩得興高采烈。鼇拜看在眼裏，心中暗喜：康熙畢竟是個孩子，貪玩、胸無大志、不務政事，自己得以繼續專權。為了麻痹鼇拜，康熙對他更敬重、禮優，這使他益加坦然，對康熙毫不心存戒備。

經過一段時間的培養訓練，這些孩童都成了康熙的心腹。康熙八年五月的一天，康熙單獨宣召鼇拜。鼇拜大搖大擺地剛剛跨進宮門檻，腳步還沒站穩，突然從兩側跳出一群孩童，一擁而上把鼇拜按住，還沒等他明白怎麼回事時，已被按倒在地上，權重勢雄的鼇拜就這樣束手被擒了。

逮捕鼇拜後，康熙立即指令康親王傑書負責審訊，與此同時，鼇拜集團的成員也紛紛落網。經審訊，列出鼇拜罪狀三十條，又經康熙親自當面核實，鼇拜一一招認。大臣們都要求判鼇拜死刑，康熙念其在朝廷效力多年，特給以寬大處理，免其死改為禁錮終身。康熙從此便堅持親自批閱奏摺，從而防止了再此出現大臣擅權。

康熙透過智取剷除能量巨大的鼇拜，不僅是除去了自己親政的最大障礙，同時對其他大臣也起到了震懾作用，最終達到鞏固自己的政權目的，正所謂「一舉兩得」。整個事件的處理非常縝密、完滿，充分體現了康熙在政治上的成熟。

在所有的較量中，智慧的運用顯得格外重要。當對方的勢力大於自己時，就不要強奪，而應智取，這是一個博弈高手必須懂得的道理。

箴言：「愈事韜晦，群居遊處，赤嘗有言。」——《舊唐書．宣宗紀》

第三章

孤注一擲的豪賭

兩隻公雞面對面爭鬥，繼續鬥下去，兩敗俱傷，一方退卻便意味著認輸。在這樣的博弈中要想取勝，就要在氣勢上壓倒對方，至少要顯示出破釜沉舟、背水一戰的決心來，以迫使對方退卻。但到最後的關鍵時刻，必有一方要退下來，除非真正抱定魚死網破的決心。在中國的歷史長河中，這種要麼不賭，要賭就賭大的；要麼不做，要做就做贏家的豪賭客也不勝枚舉。

違逆時勢的豪賭——王莽篡位竊權丟性命

對於賭徒而言，大多數的想法都是希望用較小的投入來獲得較大的收益，然而這種情況並不是經常出現的。雖然投機者成功的機率非常低，但歷史上的投機者卻不少，他們當中更多的是政治投機者。像西漢時的王莽，其謙恭、儉樸、敬順等所有的美德，只不過是其豪賭心理的虛假掩飾，他真正的目的是篡位竊國。

然而，其違逆時勢，不得人心的行為，最終使其在這場賭局中滿盤皆輸，甚至丟了性命。在政治上押寶，是一種風險性極高的賭博行為，因為賭博者押上的不僅僅是金錢，還有可能是比金錢更寶貴的生命。

初元四年王莽出生在一個顯赫的家庭，他的姑母王政君被漢元帝立為皇后。漢成帝（王政君之子）繼位後，王家先後有九人封侯，五人擔任大司馬，是西漢一代中最顯貴的家族。但王莽父親早死，沒有輪到封侯；哥哥也年紀輕輕就死了，留下了孤兒寡母。這卻使王莽從小養成了與富貴的堂兄弟們不同的習慣，他謙恭好學，生活儉樸，與普通儒生無異。

平時侍奉母親和寡嫂，撫養侄兒，都規規矩矩。對待社會上的名流學者、家中各位叔伯，格外彬彬有禮。

永始元年，王莽被封為新都侯，升任騎都尉光祿大夫侍中。王莽在宮中值勤時總是小心謹慎，官越升越是謙虛。他廣泛結交高中級官員，贍養救濟名士，家裏不留餘財，連自己的軍馬衣服都拿來分發給賓客。在位的官員不斷舉薦他，在野人士紛紛傳播他的佳話，王莽的名聲逐漸超過了他的叔伯們。

正當王莽聲譽日隆時，漢成帝駕崩，太子繼位（哀帝）。漢成帝無子，太子是侄兒原定陶王劉欣。哀帝繼位後，他的娘家就成了新的外戚，王家卻受到沉重打擊，歷年來由王家薦舉的官員統統革職。王莽回到新都侯國（今河南唐河縣西南）一直閉門不出，對地方官非常恭敬，絲毫沒有侯爺的架子。他的兒子王獲殺了一名奴婢被他痛罵一頓，逼令自殺。三年間，官員們為王莽鳴冤的上書數以百計。

一年多後，哀帝病死，太皇太后急召王莽進宮。哀帝的嬖臣、大司馬董賢被免職自殺，王莽被封為大司馬，建議迎九歲的中山王為帝（平帝）。太皇太后重新成為皇太后，臨朝稱制，由王莽執政。

王莽執政後曾經使社會各階層、各類身分的人都獲得過實際利益，因而贏得了最廣泛的支持，很快他就收羅、組織起一個得心應手的班底。這些受過益的人就向太后提出，王莽「定策安宗廟」的功績與霍光一樣，應該享受與霍光相等的封賞。王莽得知後，上書表示，他是與孔光、王舜、甄豐、甄邯共同定策的，希望只獎勵他們四人，以後再考慮他，並不顧太后多次詔令，堅決推辭。

平帝元始元年（西元元年）正月，王莽輔助幼主，自認為功比周公。他開始大權獨攬，欺上瞞下。元始五年（西元五年）十二月，在年終大祭時，王莽毒死了十四歲的平帝，由自己攝政，稱為「攝皇帝」。

第二年，王莽改年號為居攝元年。三月，王莽立只有兩歲的劉嬰（宣帝玄孫）為皇太子，號稱「孺子嬰」，以效仿周公攝政舊事，為篡位竊權做準備。居攝三年，梓潼（今屬四川）人哀章製作銅匱，內藏《天帝行璽金匱圖》與《赤帝璽某傳予黃帝金策書》，假說是高祖遺命，令王莽稱帝。於是，王莽便到高帝祠廟接受銅匱，即天子位，定國號為「新」，至此西漢滅亡。

王莽自封為皇帝後，為了鞏固政權，在全國實行改革，推行新制。

從居攝二年（西元七年）到天鳳元年（西元十四年），王莽先後進行了四次幣制改革。居攝二年，他下令鑄造大錢、契刀、錯刀，與漢王銖錢共為四品，一齊流通於市。兩年後，雙改幣制，將錯刀、契刀、五銖錢廢除，另鑄一銖小錢和十二銖大錢並行。始建國二年，三改幣制，把貨幣總稱「寶貨」，分為錢貨、金貨、銀貨、龜貨、貝貨、布貨，總稱「五物、六名、二十八品」。天鳳元年，四改幣制，又實行金、銀、龜、貝等貨幣，廢除大、小錢，改行貨布、貨泉二品。

始建國元年（西元九年），王莽下令將全國土地改為王田，奴婢改名為私屬，都不能自由買賣。還規定一家男子不超過八人而種田數額超過一井（九百畝）的，應把多出來的田分給九族鄉鄰中沒有田或少田的人；本身無土地的赤按一夫一婦授田百畝的制度授予田地。

同時，王莽下詔製造標準的度量衡器，頒行天下，做為統一全國的度量衡標準。始建國二年（西元十年），王莽詔令在全國實行五均、賒貸和六筦法。並於長安、洛陽等大城市設立五均官，負責管理商業經營和市場物價，收取工商稅。賒貸規定由政府辦理，年利息為十分之一。五均賒貸，政府經營的鹽、鐵、酒、鑄錢和收山澤稅，合稱為「六筦」。

除此之外，王莽對中央和地方的官名、官制、郡縣地名、行政區劃，也多次改變。

王莽大規模的改革，並沒有起到維護新莽政權的作用，相反，改制後的結果觸及到大地主商人的利益，加劇了統治階級的內部矛盾。制度本身的弊病，給人民帶來了更大的災難，因此很快導致了王莽政權的覆滅。

王莽雖然篡權有術，但是他對守權卻顯得無能為力。在國內改革失敗的同時，他又屢次對邊境少數民族地區用兵，激化了民族矛盾。頻繁的戰爭、繁重的賦稅，社會矛盾進一步惡化，人民生活苦不堪言。終於，在西元十七年，爆發了全國性的農民戰爭，這就是歷史上有名的綠林、赤眉起義。

在起義軍的強大威勢下，新莽政權上層統治集團也發生了分裂，王莽外有出師之敗，內有大臣之叛，朝廷一片混亂。這時，隗囂從天水（今甘肅莊浪）起兵，鄧曄華、于匡從析（今河南西峽）起兵，三輔豪傑也紛紛起兵響應起義大軍。在反新莽大軍逼近長安時，王莽組織城中囚徒出城抵抗，綠林軍攻入長安，王莽被殺，新莽政權滅亡。

王莽的為人，實際很早就是令人懷疑的。可以這樣說：中國的封建道德，具有否定正常人性的傾向，所以越是在道德上表現得超乎常人、令常人仰望不及的人，就越是背離正常的人性，因而其內心中越有可能隱伏著不可告人的東西。

絕大多數賭博遊戲其實都是一樣，在遊戲過程中，也許會有領先的機會，因此如果策略對頭，也許可以暫時領先於對手。但多數情況是，一但當他領先之後，繼續贏的慾望便會誘使他們變本加厲，最終的結果卻是賠上身家性命。

箴言：「事求遂，功求成。」——王安石

險境中的心理較量——諸葛亮的空城計

空城計是諸葛亮和司馬懿兩者間博弈的一個經典。諸葛亮一生謹慎，用兵從不冒險，司馬懿深究其中況味，故不敢進城，勒馬甩頭而走。諸葛亮巧用空城計大退魏軍之事，才智卓然，這讓古今中外多少人為其津津樂道，成為美談，此後諸葛亮漸漸地成了智慧的化身，令後人、眾人嘆服。但從博弈的角度細細品味諸葛亮的所作所為，在他的骨子裏就能發現有一種賭徒的思想在裏面。從在隆中博取劉備的青睞，就有一股賭的意思在裏面，後來諸多事件雖然巧合中蘊含著算計，但終究也逃不過賭的宿命，包括最著名的空城計。

諸葛亮北伐中原，由於錯用了「言過其實，不可大用」的馬謖，結果致使街亭這個戰略要地失守，再也無法進軍取勝，而且隨時有被魏兵堵截歸路、全軍覆滅的危險。

諸葛亮的中軍營地—西城，是個彈丸小城，易攻難守。諸葛亮為防魏軍乘勢追擊，趕緊把關興、張苞兩員小將在武功山小路兩側佈置疑兵。如果魏軍來到，敵眾我寡，切不可戰，只大聲擊鼓吶喊，用疑兵計嚇退他們即可。然後，又讓張冀引部分軍兵，快速修理劍閣通道，為大軍準備退路。

待諸葛亮把身邊人馬分派出去執行緊急命令之後，城中就近於空城了。正要拔寨撤離，司馬懿已親率十五萬大軍向西城撲來。

這時，諸葛亮身邊只剩下一些文官，連一員武將也沒有。士兵也大多派出去，只留有兩千老幼病殘，根本無法作戰。眾官員聽到這消息，一個個嚇得面無血色，一句話也說不出來。很明顯，戰不能戰，逃也逃不掉—此地路徑狹窄，唯一的大道已被司馬懿佔住。再加上輜重行李多，馬匹、車輛少，逃不出幾里，必定會被魏軍鐵騎追殺殆盡。

此時的諸葛亮也十分緊張，忙登上城樓向外望。果然，西北方向塵埃沖天蔽日，已隱隱有大軍奔走聲如沉雷般動地而來，塵頭起處更不時閃現魏軍旗號，招搖揮動。

諸葛亮稍一沉吟，馬上傳令下去：把城內所有旗幟全放倒，藏匿起來！城內士兵各自隱在駐地房舍、圍牆內，不許亂動亂叫，如果違令不遵者，立斬！然後又下令：大開東、南、西、北四面城門，每一門前派二十名老少軍兵打扮成老百姓模樣，灑水掃街，不許神色慌張，舉措不當。如果魏軍衝到城門前，也不能退入城內，仍要一如既往。

這時，司馬懿統領的大兵已來到城下。先頭部隊見到這種情形，都不敢貿然前進，急忙向司馬懿報告。馬司懿不相信，以為部下看花了眼：諸葛亮怎麼打扮成道士模樣，不領兵拒敵，反而悠閒的在城樓上彈起琴來？於是命令三軍暫且停止行動，自己則飛馬跑到城下，遠遠觀望。

果然，城樓上諸葛亮笑容可掬的端坐，在嫋嫋上升的香煙間，旁若無人、安然自得的正沉浸在自己所彈奏的琴音中。他左邊的童子，手捧一把寶劍；右邊的童子，則拿著一把麈尾。城門口處，有二十餘老少百姓正低頭灑掃街道，有條不紊，不驚不慌。

疑心很重的司馬懿，面對諸葛亮的舉止看了許久，聽了很長時間，無論從對方人物的表情動作還是諸葛亮所彈出的琴聲中，都看不出絲毫破綻。司馬懿凝然不動，仍靜靜的聽。忽然他神色一變，露出緊張模樣，忙下令：「後隊改作前鋒，先鋒變為後隊，馬上撤退！」眾將士狐疑不明，卻只好遵令撤退。而在西城中的諸葛亮，見司馬懿帶兵急忙退去，輕輕長籲一口氣，用手拭了額上的冷汗，笑了起來。

司馬懿退兵，一直退回街亭，和曹真的大軍匯合在一起時，才放下心來。而此刻，蜀國各路軍已安然無恙地撤離西城。司馬懿於是又帶一支人馬來到西城，問當地居民，才明白自己「聰明反被聰明誤」，誤中諸葛亮之計。當得知當時諸葛亮所處的危險境地，他的所作所為及張苞、關興其實只有少數人馬，只是虛張聲勢而並不敢真正交鋒時，不覺由衷贊嘆：「諸葛孔明之才，我不如也！」

分析在整個博弈過程中，諸葛亮可以選擇的對策有棄城逃跑或者死守。可是當時諸葛亮兵少將少不堪一擊，棄城逃跑或者死守，都只有死路一條。諸葛亮賭徒的本性顯現了出來，四方城門打開，裝模做樣沐浴更衣，焚香彈琴，利用司馬懿的疑心戲弄了他一把，使其退軍。諸葛亮的目的達到了，終於逃得性命。

而司馬懿雖然兵強馬壯，可以選擇進攻或者退卻。但是他盤算諸葛亮的麾下大將，像關興、張苞、馬岱及魏延等蜀兵諸將，是不是全都聚集在西城等死，還是隱匿在旁，虎視眈眈伺機而動？或者諸葛亮設下陷阱，以誘兵之法請君入甕。他沒有指望最好的結果，而是將風險降到最低，下令撤軍。倘若司馬懿識破諸葛亮的空城計真相，引大軍殺入城中，諸葛亮也就做了刀下之鬼或淪為魏軍的俘虜了。

空城計之戰，是諸葛亮因前期失算而迫不得已而為之的一招險棋。但實際上，諸葛亮與司馬懿的博弈模式很簡單。最終的結果是諸葛亮豪賭了一把，故示閒暇，偃旗息鼓，迷惑了司馬懿；司馬懿在不知道實際情況之下，根據以往對諸葛亮的認識，做出了退兵的決定。

箴言：「虛者虛之，疑中生疑；剛柔之際，奇而復奇。」—孫武

殺兄弒父謀皇位——楊廣的暴虐與隋朝的滅亡

在古代專制社會，君主的權力是無限大的，所以他的好惡往往就成了眾人追逐的標準，上行下效，上樑不正下樑歪，這是在所難免的。在這種制度下，那些博弈場上的人們常常在政見、形象、愛好，乃至生活習慣等各個方面儘量掩飾自己的個性色彩，力圖在博弈中尋求機會取勝，這是生存和發展的必需，也是一種無奈。

在這其中，皇儲和權臣是中國歷史上最危險的人物，因為他們存在的本身就是對君王權力的威脅，他們自身也因此經常處於危險之中。這種危險狀況有時會演變成危機，甚至發生大的動亂。

誰都知道，隋煬帝楊廣是中國歷史上最為奢侈的帝王之一，可是他在登上帝位之前，還曾經給他的父親隋文帝留下了一個生活儉樸、不貪女色的印象。

隋文帝楊堅有五個兒子，都是獨孤皇后所生。太子楊勇生性寬厚，但過於任性，不懂得如何討人喜歡。楊堅素來節儉，見楊勇生活奢侈，心中不快。獨孤氏堪稱天下第一妒婦，絕對不允許丈夫和後宮其他妃子有什麼來往，甚至對兒子和大臣的此類事情也不放過。楊勇有很多內寵，其中昭訓雲氏尤得歡心，而他對嫡妃元氏卻十分冷淡，獨孤氏為此忿忿不平。元妃不久病故，獨孤氏懷疑元妃是被雲氏毒死的，派人專門調查楊勇有什麼過失，想把他廢掉。

當時楊廣正在陰謀奪取太子的位置，他看出了父母的好惡以後，便刻意迎合，虛情矯飾，把自己裝扮成一副十分儉樸規矩的模樣。每當父母來到他的居所時，他便事先將自己那眾多的寵姬美妾以及他們所生的子女另藏別處，只留下明媒正娶的蕭妃在身邊，連往來侍候的奴婢也都是一些非老即醜的女人，穿戴質樸無華。室內原有的華麗的陳設全都撤除，換上陳舊的傢俱，樂器上的浮土也留著不擦，還故意將琴弦弄斷，彷彿好長時間無人擺弄一樣。

隋文帝果然上當，對大臣們一再誇讚他的這個兒子是如何的不近女色，不好聲樂。楊廣又在暗中籠絡大臣，透過楊堅最信任的僕射楊素，設計誣陷楊勇，把他定罪後打入大牢。這樣，楊廣終於如願以償，遷居東宮。

楊堅病危時，楊廣喜上眉梢，趕緊和楊素勾結做登基準備，而暗地裏卻對其父親寵愛的陳夫人施行非禮。楊堅知道後，方才醒悟，用手敲著床大罵：「這個畜生哪配繼位，獨孤害了我大事！」一說完派人立即召回楊勇。楊廣先發制人入宮殺了父皇，陳夫人聞訊，驚惶失色，自度難免。傍晚，楊廣派人送來一個小金盒，陳夫人以為是毒藥，哆哆嗦嗦地打開一看，竟是幾枚同心結。陳夫人羞憤異常，當晚就被楊廣霸佔。就這樣，楊廣踏著父親的屍體，登上了權力的寶座，這就是歷史上著名的淫主隋煬帝，於是隋朝的災難開始了。

窮凶極惡的隋煬帝仗恃國力富強，驕奢淫逸，是歷史上有名的暴君。繼位以後，他下令開通大運河，還設進士科，促成科舉制的形成。他在位時，幾乎年年徵發繁重的徭役，造成「天下死於役」的慘象。他還年年遠出巡遊，三遊江都，三至涿郡。每次出遊，大造行宮，從行的人幾十萬，騷擾地方百姓，社會生產受到嚴重破壞。

他還曾三次發兵進攻高麗，卻敗於遼東城(今遼寧遼陽)及平壤城(今屬朝鮮)下。次年再發兵圍攻遼東城。這時，在黎陽倉督運軍糧的楊玄感看到「百姓苦役，天下思亂」，便乘機起兵反隋，隋煬帝被迫從遼東撤軍。楊玄感敗亡後，隋煬帝下令追究，共殺三萬餘人，流徙六千餘人。隋煬帝第三次發兵進攻高麗時，由於他的暴政終於激起全國範圍的農民大起義，隋王朝岌岌可危，最後只好議和收兵。

隋煬帝的所作所為早已超出了人民的承受能力，在他統治的十多年間，前後服勞役、兵役的超過一千萬人，而當時全國的人口僅為四千六百多萬，結果導致農村的勞動力所剩無幾，土地荒蕪，民不聊生，各地反隋起義風起雲湧，隋朝大廈將傾。西元六一八年，楊廣的禁衛軍將士殺入宮中。眾叛親離的隋煬帝被部下勒死，繁盛一時的隋朝就這樣滅亡了。

他靠陰謀詭計起家，繼位後又置百姓於不顧，極其窮奢縱慾，最後被手下人殺害。從此，隋朝的統治也就到此結束。

世上有著太多的人像楊廣這樣貪戀權慾，他們不惜下任何賭注，使用殘忍的手段，但最終走向自我毀滅之路。其實，人世不過百年，若是利慾薰心，靠不正當手段謀取功名利祿，到頭來還是會自食其果。

箴言：「謀者，所以遠害就利也。」—吳起

捨得孩子去套狼——武則天以女兒賭前程

在權力的博弈中，大自天下，小至男女，都成為權力與慾望相互爭逐的賭注。其極致處，君臣夫婦反目，母子兄弟相殘，實在令人慄然。俗話說：虎毒不食子。但在權力的博弈中，或許權勢真的能讓人喪失理智，使一些人喪失了人性，以致於六親不認。武則天就是這種人中的一個，為了扳倒王皇后，武則天可謂費盡心機，最後竟以自己的親生女兒的性命做賭注，來達到自己的目的。

武則天本名武昭，稱帝後改為武曌。武則天是中國歷史上唯一的女皇，這是從自主性上來說，其他坐過皇帝寶座的小女皇也有，但現在一般的觀點都把武則天作為唯一的女皇來看待，因為她是憑藉自己的實力登上皇帝寶座的，不是別人的傀儡。入宮之前，武則天的生活並不如意。她的少女時期隨做官的父親在四川生活，後來父親去世，同父異母兄長對她們母女很刻薄，因此武則天在長安和姐妹、母親有過一段很艱難的生活。

到了西元六三六年，即唐太宗貞觀十年，唐太宗的皇后長孫氏病逝，第二年唐太宗聽說武則天美貌出眾，於是將她召進宮中做了才人，這是級別很低的嬪妃，這時的武則天只有十四歲。不過在封建社會，這個年齡的女子基本上都要出嫁了。

進宮之後，唐太宗賜給她武媚的稱號，所以又有人叫她媚娘。由於她性格倔強，不善於施展女人的溫柔手段，所以不受唐太宗的寵愛。這使得武則天進宮十二年後，也沒有為唐太宗生育一男半女，才人的稱號當然也沒有改變、提升。

貞觀二十二年，唐太宗駕崩。按照慣例，沒有生育過的嬪妃們要出家做尼姑，生育過的則要打入冷宮，為死去的皇帝守寡；武則天便來到感業寺出家。

唐高宗李治經常來感業寺進香，武則天決定要緊緊把握住這機會回到宮中。她利用李治早先與其暗通款曲，對她極有興趣，再加上美貌與舊情，使高宗不再顧忌佛教教規和禮教的約束，不久就將武則天帶回了皇宮。晉封為「昭儀」，進號宸妃，與王皇后、蕭淑妃爭寵，互相讒毀。

這次再入宮，武則天已經是二十八歲的人了，按照一般的理論，這個年齡的女子基本上是徐娘半老，畢竟不比十幾歲嬌豔的女子了，但武則天的心計不是一般人所能比的，再者，她的美貌也許確實出眾，還有高宗對她的感情做基礎，久別重逢更能抓住高宗的心。

武則天的這次再入宮也和宮中的鬥爭有關，當時的王皇后為了和蕭淑妃爭寵，鼓動高宗接武則天進宮，她還自己做主讓武則天先蓄髮，然後再入宮。王皇后沒有想到自己在引狼入室。

入宮後，武則天很感激王皇后的照顧，她對王皇后非常尊敬，侍奉得很周到，這使高宗也很高興。皇帝和皇后都高興了，武則天的嬪妃地位也就升到了昭儀。超過了其他八個嬪妃，是九嬪之首，在她的上面，只有皇后和四妃了。

武則天的性格決定了她不甘於居人之下，她的目標是皇后。等她的地位穩固之後，便開始有心計地活動了。她在後宮裏想方設法籠絡太監、宮女，特別是和王皇后、蕭淑妃關係不好的人，她總要設法接近拉攏，給予一些小恩小惠，讓她們注意監視王皇后和蕭淑妃的行動。第一步，武則天聯合王皇后打擊蕭淑妃，等高宗把蕭淑妃廢成庶人後，武則天便開始對王皇后下了手。

武則天生下的第二胎是個女孩兒，非常可愛，王皇后也很喜歡，經常去看望。一次王皇后又去看望武則天母女，恰巧傳報高宗也要來此，在高宗快來的時候王皇后便知趣地先走了。武則天為了皇后之位，認為扳倒王皇后的機會到了。

武則天在王皇后剛走，狠心地把全身的力量和全部的賭注都集中在雙手上，漸漸地逼近親生女兒的咽喉—將女兒掐死，然後蓋好被子偽裝好。待高宗來了，假裝笑臉相迎，等再看到女兒時，武則天痛苦失聲。

武則天正是利用人們一般的推理來嫁禍王皇后—母親或者父親怎麼會親手殺死自己的嬰兒呢？這只是在窮困或者走投無路時才有的事情，可愛的女兒又是公主，誰也不會懷疑是武則天。

高宗也是這樣考慮的，所以高宗聽說剛才是王皇后來過時，不由大怒，而王皇后也一直沒有生育，所以高宗便下決心要廢掉她。

在封建社會中，皇后的廢立乃國之大事，須與重臣們商議。當高宗把廢皇后王氏，立武則天為皇后的打算向諸遂良、長孫無忌等元老重臣說明後，立即遭到強烈的反對。但是，高宗的主張也得到了武則天的同謀許敬忠、李義府等一些朝中要員的支持。在他們的慫恿下，高宗終於斷然頒詔，廢皇后王氏，正式冊立武則天為皇后。自此，皇家內宮大權，全部落入武氏之手。

武則天登上皇后寶座後，機智精明，「通文史，多權謀」的長處，得到長足的發揮和發展，使高宗對她寵愛之餘，另眼相看。她也利用皇后的身分，積極參與朝政，「百司奏事，時時令後決之」。從永徽六年到顯慶四年的五年時間裏，她設法清除政敵，貶尚書右僕射諸遂良，使其鬱悶而死；黜廢中書門下長孫無忌，逼其自縊；罷免朝中諸遂良、長孫無忌的支持者，鞏固和擴大了自己的影響和權力，掃除了她參政道路上的障礙。

顯慶五年，高宗李治因患鳳眩，目不能視，遂下詔委託武后協理政事。自此，武則天從參政步入執政。人雖在幕後，卻遙控了朝廷實權。

後來，高宗後悔，圖謀收回大權，並密令中書侍郎上官儀草詔廢后。豈知機事不密，「謀泄不果」，武則天手辣心狠，先下手為強，立即將上官儀處死。高宗之舉，功虧一簣，反使武后更為警覺。

由於武則天處理政務有章有法，不似高宗久諉不決，甚為群臣敬服。高宗雖厭其獨行獨斷，許多國家大事又不能不倚重她，這樣就使武后逐漸從幕後走向前臺，竟與高宗同臨紫殿，一起接受群臣朝拜。上元元年（西元六七四年），高宗號天皇，皇后號天后，天下人謂之「二聖」。

自此，高宗形同虛設，唐朝的大權盡在武則天的掌握之中。

從上元元年（西元六七四年），武則天以天后之尊開始執政，至天授元年（西元六九〇年）正式稱帝的十六年中，武氏為當皇帝做了大量的長時間的準備，採取了多種有力有效的措施。

首先，在王位的繼承上，高宗想禪位於長子李弘。武后則不念母子之情，將李弘毒死，立次子李賢為太子。李賢被高宗委以臨國之任，處理政務頗為精幹，武后則廢李賢為庶人，立三子李顯為太子。弘道天年（西元六八三年），高宗卒，中宗李顯剛剛繼位，武后則以皇太后名義臨朝稱制。一年後便廢掉中宗改封廬陵王，立四子李旦為帝，是睿宗。李顯、李旦都是昏庸無能之輩，在皇帝位上也是傀儡，處處受制於武后。

西元六九〇年，武則天認為親臨帝位的條件成熟，先借佛僧法明之口，廣造輿論：「武后為彌勒佛轉生，當代唐為天子。」接著又一手導演了，以唐睿宗為首的六萬臣民上表勸進，請改國號的壯舉。至此水到渠成，武則天在「上尊天示」、「順從眾議」的「萬歲」聲中，登臨大寶，實現了夢寐以求的夙願，改唐為「周」，自己當了皇帝，此時她已經是六十七歲的高齡。

武則天是個膽識過人、雄才大略的女人。一個女人未透過武裝鬥爭，也未透過宮廷政變當上了皇帝，是個奇蹟。如果說，武則天在稱帝前三十餘年參政執政的政治生涯中，已顯示出驚人的政治謀略和手段。那麼，在稱帝之後的十餘年中，則更充分地顯示了她在用人、處事、治國等各個方面傑出的政治才能和政治家的氣魄。

歷史上博弈中的較量總是你死我活，要想真正站住腳還需要意志堅強、謀略過人和行使鐵腕。想當年李世民發動玄武門之變，登上皇帝寶座也是這樣。武則天走上政治舞臺，只是手段不同而已。對於武則天的歷史功績，昭昭於世；對於她的歷史功過，恰如她給自己立下的那塊「無字碑」一樣，只能由歷史去做出正確的評論和判斷。

箴言：「將欲取之，必將予之。」——老子

趁國之危的皇帝夢——袁世凱的不歸路

凡是步入仕途的人，多少會有權力的慾望，但若能夠很好地將其利用，是可以有一番大的作為。篡位謀權也並不一定就是可恥的行為，縱觀歷史有多少皇帝是子承父業的呢？只要能造福民眾，得到民眾的認可你就是好樣的，至於皇位的由來並不重要。但要是趁國難當頭，視民眾水火之中而不顧，一味追求自身的利益，這樣的做法必定是壓錯了籌碼，下錯了賭注，勢必會連自己的性命也要賠了進去。

西元一九一一年辛亥革命爆發，革命黨人連克武漢三鎮。清政府速派陸軍大臣蔭昌率北洋軍赴武漢與革命軍作戰，但北洋軍將領根本不聽他指揮。載灃迫於無奈重新起用袁世凱，任命他為湖廣總督，督辦剿撫事宜。袁世凱嫌官微權輕，託辭足疾尚未痊癒，按兵不動。他趁朝廷危機時刻，提出六項條件：召開國會；組織責任內閣；寬容武昌事變諸人；解除黨禁；給予指揮軍隊全權；供給充足經費。載灃別無他法只得任命袁世凱為內閣總理大臣，清政府軍政大權集袁於一身。一向痛恨革命的袁世凱，此時對革命黨人表現得如此寬容，他是要利用革命勢力挾制清政府交出政權，以清政府為工具挾迫革命勢力就範，最終竊取全國政權。

革命形勢迅速發展，袁世凱已感覺到大清王朝大勢已去，但做為挾制南方革命黨人的工具和進行政治變易的法碼，他還要讓它再維持一段時間。他一上臺，就立即指揮軍隊南下鎮壓革命黨。先是攻下漢口、漢陽，接著隔江炮轟武昌城，卻不向武昌發動實質性的進攻，意在給革命黨造成一種威懾力量，以誘使革命黨妥協，接受他的和談建議，達到竊取國家政權的目的。

此時，鬥爭經驗還不豐富的革命黨政治上尚顯不足，認為「反清」就是革命，只要推倒皇帝革命就大功告成，天真的將希望寄託在反動軍隊的倒戈上。誰能把皇帝趕下臺就可把國家大權交給他。還在袁世凱在家中待價而估時，就有部分革命黨人給袁世凱寫信，勸他倒戈，希望他成為漢族之華盛頓。

西元一九一一年底，袁世凱的代表與革命軍談判，雙方達成一種默契，只要袁世凱正式宣佈贊成共和，負責使清帝退位，就推舉他為臨時大總統。不料，十二月二十五日孫中山從海外歸來，以其崇高的威望當選為中華民國臨時大總統。袁世凱大失所望，一方面以武力威脅南京政府，一方面秘密派人和南方代表交涉。很快達成協議，只要袁世凱使清帝退位，大總統一職仍由其擔任。孫中山也特電告知袁世凱，如清帝退位立即讓出大總統職位。

袁世凱得到南方政府承諾後，立即策劃逼宮，迫使宣統皇帝於民國元年（西元一九一二年）二月十二日發表退位詔。次日，孫中山履行諾言辭職，推薦選舉袁世凱繼任臨時大總統。袁世凱輕易的竊取了辛亥革命的成果。

袁世凱當初宣佈贊成共和，不過是竊取政權的一個手段。臨時大總統之位並不能讓他滿足，他的最終目標是實行個人獨裁統治，做淫威無限的皇帝。

袁世凱雖稱帝心切，但時機尚未成熟，他披著共和的外衣大肆破壞民主，為其實現帝制掃清道路。南方革命勢力的存在對袁是個威脅，所以他剛一上臺就以軍費開支過大，人民負擔過重為藉口進行裁軍，而對北洋軍卻設法加以擴充。

民國元年一月，任臨時政府法制局局長的宋教仁，他反對實行總統制，主張實行責任內閣制。為了保證內閣制的推行，宋教仁積極從事政黨活動，三月，同盟會為改組為公開的政黨，推宋教仁為政事部主任幹事。八月，他在同盟會的基礎上聯合其他反袁小黨派，組成了國民黨，期望在國會中造成多數黨的聲勢，實現其責任內閣的主張。

同年十二月，第一屆正式國會開始初選，國民黨在國會大選中取得勝利。國民黨準備組織真正的「政黨內閣」，削弱袁世凱的權力，預定由宋教仁擔任內閣總理。身為理事長的宋教仁為了宣傳他的政治主張，在回鄉省親後，經湖南、湖北、安徽、江蘇等省到上海，一路發表演講，這使一心復辟帝制的袁世凱十分嫉恨，民國二年三月二十日，國會召開前夕，當宋教仁準備乘火車北上時，在上海火車站被袁世凱所派刺客暗殺，於二十二日去世。袁世凱表面佯裝痛惜之狀，還下令「迅緝真凶，窮追主名，務得確情，按法嚴辦」。追查結果，主謀是趙秉鈞和袁世凱本人。真相大白於天下，袁世凱惱羞成怒，決定武力消滅國民黨。

宋教仁被殺案使孫中山對袁世凱的幻想破滅了，認識到「非去袁不可」。孫中山召開會議決定興師討袁，發動「二次革命」。黃興等人對武裝討袁信心不大，南方武裝力量經袁世凱裁軍已有很大削弱，加上國民黨內部意見不統一，袁世凱又採取分化瓦解政策，僅僅兩個月的時間，「二次革命」便宣告失敗。

鎮壓「二次革命」後，袁世凱一心想著儘快當上正式總統，他對國會向來沒有好感，不過此時他要利用一下國會為他選舉正式大總統服務。在袁世凱的催促下，正式憲法中的一部分的《大總統選舉法》先期完成。袁世凱急欲在民國二年十月十日國慶日正式任職，用金錢收買一些社團大拉選票。十月六日國會投票選舉，為保萬無一失，袁世凱派一千多名打手裝扮成公民將國會團團圍住，經過三次投票，直到晚上九點才勉強選出總統。十月十日，袁世凱在故宮太和殿宣誓就職。

袁世凱當正式總統如願以償後，國會對他來講沒有什麼用了。十月十四日，國會憲法起草委員會擬出《天壇憲法草案》，草案雖明顯擴大了總統許可權，但仍含三權分立，責任內閣等內容，袁世凱斷然不能接受。他提出增修憲法案，要求擴大總統職權，提出憲法公佈權屬於總統。遭到抵制後，袁世凱氣急敗壞，將總理熊希齡任熱河都統時，擅拿承德行宮寶物一事公諸於世，挾迫熊希齡辭職並簽署了解散國民黨的命令。民國三年一月，袁世凱下令停止議員職務，非法解散了國會。五月，袁世凱公佈了《中華民國約法》，宣佈廢除《臨時約法》，為其實行獨裁統治復辟帝制掃清了道路。

這時袁世凱做皇帝的願望越來越強烈。五月一日，袁世凱下令撤銷國務院，撤銷總統府軍事處，成立「陸海空大元帥統率辦事處」，將陸軍總長段棋瑞排除出去。九月二十八日，袁世凱率文武官員到孔廟祭孔；十二月二十三日至天壇絜天．為宣稱帝從思想上到輿論上做準備。

正當袁世凱準備實現帝制時，日本向袁提出「二十一條」不合理條款，並暗示如接受，則日本支持其稱帝。袁世凱立即接受了日本的不合理要求。

取得了日本帝國主義的支持後，袁世凱復辟帝制事宜緊鑼密鼓地行動起來。民國四年十月下旬至十一月中旬召開了所謂國民代表大會，一致投票贊成帝制。十二月十一日上午，參政院開會，通過了請袁世凱稱帝的推戴書，袁世凱假意推託。按預謀，下午五點再次開會，通過第二次推戴書，袁世凱故意做出一副推託不過而稱帝的姿態。他下令民國五年改為洪憲元年，準備元旦舉行登基大典。

袁世凱的倒行逆施，激起全國各階層的義憤。民國四年十二月二十五日，蔡鍔、唐繼堯等在雲南宣佈起義，發動護國戰爭，討伐袁世凱，貴州、廣西相繼回應。北洋派內部危機四伏。袁世凱被迫於民國五年三月二十二日宣佈取消帝制，恢復中華民國年號，起用段祺瑞為國務卿兼陸軍總長，企圖依靠段祺瑞團結北洋勢力，支持他繼續擔任大總統。但起義各省不再承認他有做總統的資格，段祺瑞也逼他交出軍政實權。廣東、浙江、陝西、湖南、四川紛紛通電宣告獨立，或與袁世凱個人斷絕關係，袁世凱陷於眾叛親離、內外交迫的境地。五月下旬憂憤成疾，終於在民國五年六月六日在舉國聲討聲中因尿毒症不治去世，離開了他那貪婪的權力寶座，結束了其可恥的一生。

縱觀袁世凱的一生，他結束了一個長壽的滿清王朝，也創立了一個短命的「洪憲帝制」。袁世凱對權力的慾望是與生俱來的，為實現自己的野心而不擇手段。他從最底層幹起，最後居然成為了國會的正式總統，他的權力達到了最高峰。袁世凱想過把皇帝的隱並無大錯，但他在國難當頭、內外交困、民不聊生之時，卻對民眾水深火熱而不顧，趁國家危難之機，利用卑劣的手段竊取權力，從而激起眾怒，最後落得身敗名裂。更重要的是他忽視了歷史的車輪不可逆轉，他的復辟違背了人們尋求生存發展的需要，所以他的皇帝只有八十三天的宿命。

箴言：「世界潮流，浩浩蕩蕩，順之者昌，逆之者亡。」—孫中山

第四章

笑臉的背後

博弈是一種策略之爭，既是鬥勇更是鬥智。社會生活中的許多事件和現象都與利益有著密切的關係。這就提出了一系列的問題：如何為利益提供制度安排？如何保障利益相對公正的進行？如何解決利益過程中不可避免的矛盾與衝突？這就使得那些在利益中，為了利益驅使的雙方面帶笑容地形成的博弈中的結盟，可是在這笑臉的背後與笑過之後會有怎樣的結果呢？

「狡兔死，走狗烹」

——劉邦的「封」與「殺」

在中國的歷史舞臺上，統治者與開國功臣之間常常出現由合作性變為非合作性博弈的現象。而這種現象的出現則多是因為統治者懼怕功臣的智謀，或擔憂功臣功高蓋主，從而威脅到自己的統治而造成的。於是，「狡兔死，走狗烹」，似乎就成了統治者與開國功勳之間最終的遊戲規則。自古以來，不知有多少肝膽君臣、患難朋友，都沒法走出這個氛圍。

想當初浪跡豐邑街頭時，劉邦就以豪爽仁義自居。後來以布衣身分率領一群豐沛少年子弟、流氓無賴和江湖豪傑起來反秦鬧革命，劉邦與將士們也仍是有飯同吃，有福同享，有難同當。

創業之際，劉邦愛才、求才、用才，天下英雄如蕭何、曹參、張良、韓信、英布之輩，紛紛前往投奔漢王麾下。楚、漢相爭和漢朝立國之初，劉邦為了獎勵將士，籠絡部下，分化敵方，先後分封了八大異姓諸侯王：趙王張耳、楚王韓信、淮南王英布、長沙王吳芮、燕王臧荼、燕王盧綰、韓王信、梁王彭越。這些諸侯王都為劉邦推翻秦朝、消滅項羽和創立劉姓天下立下過汗馬功勞，他們都是漢朝的開國元勳。可以說，沒有這些功臣們的流血奮戰和共同拚搏，劉邦不可能奪得漢家天下。

當天下定鼎、劉邦稱帝之後，天下已成為劉姓家族的天下，昔日能征善戰，如今又擁有獨立軍隊的異姓諸侯王們，自然對劉姓天下構成巨大的潛在威脅。劉邦登基後，立即意識到他們是劉家天下的心腹大患。於是，「狡兔死，走狗烹」，劉邦為了維護劉氏一家天下的安定局面，就毫不留情地向那些昔日一起共患難、打天下的將領舉起了屠刀。

第一個犧牲品是燕王臧荼，他就在劉邦稱帝的那一年被劉邦以謀反罪名消滅。接著是韓信，在劉邦稱帝的第二年被逮捕，罪名同樣是企圖謀反。五年後，劉邦的夫人呂后對被軟禁多年的韓信仍不放心，又用計將他處死於長安宮中，並且誅連三族。

劉邦的懷疑猜忌和殘酷無情，使得將士和功臣們人心惶惶，唯恐有一天會被他消滅，有的甚至被逼得真的反叛起來。韓王信就是害怕劉邦的懷疑，在極度恐懼的情況下乾脆公開投降匈奴的，但最後也逃脫不了被追殺的命運。

燕王盧綰是劉邦的同鄉，自劉邦浪跡豐沛市井之時，他們就成了患難與共的朋友。漢朝開國前，盧綰一直是劉邦的親信和心腹，但最後也被劉邦逼得逃亡匈奴，罪名又是有謀反企圖。

趙王張耳本是劉邦的女婿，也因涉嫌謀反被廢除王位，貶為宣平侯。

西元前一九六年，當另一將領陽夏侯陳豨被逼反叛時，梁王彭越的部下曾勸彭越一同謀反，彭越猶豫著沒有答應。劉邦得知此事，不但不表彰彭越的忠心，反而將他逮捕後處死。

最殘忍的是，劉邦殺了彭越之後，為了威脅警告其他將領和功臣，竟將他的屍體剁成肉醬，再派人分賜給各位諸侯和功臣品嚐，功臣們因此更加膽顫心驚。

彭越事件後，淮南王英布自知不能倖免，也被迫鋌而走險，起兵反叛；結果也被劉邦親自統兵鎮壓。就這樣，在漢朝建立的短短七年之內，劉邦就利用各種藉口，將除遠處偏遠南方而又勢力弱小的長沙王吳芮以外的所有異姓諸侯王相繼剷除。

接著，為了確保漢朝萬世江山都是劉姓一家天下，劉邦特意宰殺白馬，與群臣歃血為盟：「從今以後，非劉姓者不能稱王，誰若違背此約，天下可共起而擊之！」

平心而論，劉邦消滅異姓諸侯王的政策，在當時的條件下，對鞏固新生的大漢帝國，維護漢室江山的一統，在客觀上無疑起了積極的作用。然而，殘殺功臣、剷除異己的政策，其目的就是維護劉氏的獨裁統治。

劉邦在處置諸侯王時的態度是堅決的，每次戰起他都親自率軍隊平叛。危害劉氏天下、有可能顛覆劉氏政權的只有諸侯王能做得到，這一點劉邦有著清醒的認識，因此他不辨親疏，只要有威脅皇權的可能，他就一律打擊，包括自己的女婿趙王張耳和有手足之情的故友燕王盧綰。這樣，劉邦僅僅用幾年時間就消滅了勢力強大的諸侯王集團。

諸侯王的覆滅，很大程度上是因為在朝廷中居要職的封侯者，始終堅定的支援劉邦，因此可以說，諸侯王實際上是敗於封侯者之手，這充分說明了劉邦處理與其功臣間關係的遠見卓識和正確立場。

回顧中國的歷史，對任何一個皇帝來說，確保江山萬代是至關重要的。因此，功臣們造不造反就順理成章地成為皇帝們絞盡腦汁來解決的問題。解決功臣們造不造反的問題的關鍵在於識別到底誰會造反，但這是一個資訊不對稱的格局：大臣們自己知道自己造不造反，皇帝卻不知道誰是奸臣，誰是忠臣。再睿智的皇帝也無法找到可從功臣中實施忠奸分離的標準，當然更不可能找到分離忠奸的條件。既然他無法從功臣中分離出忠臣和奸臣，但他又必須想盡辦法保證自己的兒孫能順利繼承皇位，為此，皇帝自然要想盡一切辦法將可能造反的人清除出去，確保江山永固。「寧可錯殺一千，不可放過一個」，在不能辨別忠奸時，皇帝也只能將臣子們分為，有能力造反的和沒有能力造反的。對於皇帝來說，只要把有能力造反的殺掉，剩下的人即使有造反之心，也無造反之力了。每一代皇帝都面臨同樣的困境，面臨著同樣問題，最後都做出了同樣的選擇。

箴言：「功成而不止，身危有殃。」——《黃帝四經》

暫時合作麻痺對手——孫權死後的權臣之爭

歷史上，權臣把持朝政，皇帝只是傀儡的政治現象屢見不鮮。並不是這些皇帝甘願當傀儡，而是他們有的昏庸無能，有的有勇無謀，有的實力不足，所以才使權奸當道，為所欲為。

然而，真正有智謀的皇帝在與權奸的博弈過程中懂得怎樣保護自己、迷惑政敵，在適當的時候看準機會、一躍而起，除滅權奸，從而繼續維持自己的政治秩序。三國時期的吳國，在孫權去世後就陷入了權臣相爭的傾軋中。

東吳神鳳元年(西元二五二年)九歲的孫亮繼承了吳國帝位，朝政按孫權遺囑交由大將軍諸葛恪和孫弘、孫峻等輔佐。孫弘想獨掌大權想陰謀除掉諸葛恪，孫峻探到風聲密報諸葛恪，諸葛恪當機立斷將孫弘誘到他的將軍府，不同情由一刀砍死；吳國大權便落入諸葛恪手中。

大將軍諸葛恪執掌大權，他輔政開始還頗做了幾件順應民心的事，一時獲得了朝野的稱讚。建興二年(西元二五三年)，他率軍打退了曹魏的三路兵馬，殲敵數萬。凡此種種使諸葛恪漸漸忘乎所以，而且以為北伐是蹺足可待的事。

因此他不顧國疲民困，斷然拒絕了其他大臣休兵養民的建議，違背既定國策，傾國出動發兵二十萬北伐曹魏。結果一無所成，士兵傷亡累累，物資器械損失無數，於是怨聲四起。

諸葛恪的失敗給孫峻提供了機會，他趁著百姓怨恨、眾人嫌忌諸葛恪之機，誣諂諸葛恪要謀反，與少主孫亮策劃謀誅諸葛恪。他們假裝宴請諸葛恪請他人宮，事先在帷帳中埋伏兵士做好準備。孫峻親自把諸葛恪迎人帷帳，入座宴飲。席間他假稱上廁所，脫去長袍身著短衣走出來，宣佈詔令拘捕諸葛恪。諸葛恪措手不及，為孫峻所殺。孫峻由此而掌握大權，升為丞相大將軍、督察內外一切軍務、禮節，晉封為富春侯。

繼孫峻殺掉諸葛恪之後，吳國朝政為孫峻所把持。孫峻素無名望且驕矜殘暴，招致朝臣與百姓的極大怨憤，不斷有人試圖謀殺他都被他發覺處死。他再擅權三年之後，於吳太平元年中曆九月病卒，臨死將大權交給其從弟孫林。

孫林與孫峻同祖，受命之時只有三十四歲，又無戰功，所以當時在外征討魏國的呂據等大將很不服氣，曾與諸葛恪從受孫權輔政遺詔的滕胤更不甘心受孫林制約。吳太平元年中曆九月和十月，呂據和滕胤先後舉兵討伐孫林，孫林派從兄孫慮迎擊呂據和滕胤，後因呂、滕二人配合不好，被孫慮鑽了空子，兵敗被株連三族。

剷除了朝中的政治敵手，孫林遂無所顧忌把誰都不放在眼裏。他自任大將軍，封永寧侯，總攬政綱。在征討呂據、滕胤時，孫慮為主帥，但孫林對他卻很輕視無禮，於是孫林又受到了來自宗族內部的威脅。太平元年中曆十一月，孫慮聯合將軍王敦密謀，打算殺死孫林。事情洩露王敦反被孫林殺死，孫慮被迫飲藥而死，孫林又一次穩固了自己的地位。

在吳國權奸肆虐時，曹魏政權內部也矛盾重重，李豐、夏侯玄、毌丘儉等人，先後舉兵反對司馬師被誅族，大將諸葛誕自感危機遂於吳太平二年中曆五月叛歸吳國，魏國以二十萬大兵將諸葛誕圍困在壽春。孫林急欲收降諸葛誕擴充勢力，先後派出三批軍隊共十一萬人去為諸葛誕解圍，均告失敗，孫林因怒而斬殺了大將朱異。這場戰爭，勞民傷財，沒有救出諸葛誕，孫林還自戮名將，引起了吳國上下一片怨聲。

孫林自知招怨甚大，遂稱疾不上朝，並讓弟弟孫據掌管宿衛，另外三個弟弟孫恩、孫幹、孫闓分掌諸營之兵，擁兵自固。他這樣總攬兵權不僅是為了防備諸臣叛伐，而且要防備吳主孫亮對他動殺機。

孫亮這時已滿十六歲，於諸葛誕叛魏前即以親政。他對孫林擅權的不滿日益顯露出來，對孫林所奏表章，常常不客氣地質問不休；他還簡選十五至十八的士卒子弟三千人，令大將子弟為將帥，在皇家林苑中終日操練。當孫林救諸葛誕未成大失民心之時，孫亮覺得時機已成熟，遂與太常全尚、將軍劉承等人共謀除掉孫林。

孫亮之妃是孫林的外甥女，她聽到孫亮等人的密謀，就派人告訴給孫林。孫林先發制人，於太平三年中曆九月，派兵夜襲全尚之宅將他拘捕；又遣弟孫恩殺死劉承。孫林親率士卒將孫亮的宮殿團團圍住，孫亮聞訊執弓上馬，對宮內群臣們說：「我是大皇帝（孫權）的嗣子，繼位已經五年了，誰敢不跟從我去拚殺！」眾人上前勸他不要去送死。不多久，孫林就衝了進來，他宣佈廢除孫亮的帝位，降之為稽王。不久，孫亮被送往會稽，全尚被殺於流放的途中。

孫林在廢黜孫亮後，很想自己繼位稱帝，左思右想，惟恐諸臣不服，只得派人將孫權的第六子孫休從會稽接來，擁之為帝。這個時候，孫休處於一個如果與孫林對抗就有可能被廢黜，甚至被殺的困境，處於弱勢的孫休知孫林勢力強大，為穩住他不惜對他及其宗族封官晉爵。不僅孫林本人被任為丞相、荊州牧，增加五縣封邑，他的四個弟弟都分別被任為將軍，封為縣侯、亭侯。

孫休對孫林家族權勢過盛早心存不滿，他也不願做傀儡皇帝，只是不敢貿然行事，以免重蹈孫亮的覆轍。

然而孫林的囂張跋扈使矛盾漸漸激化，雙方漸漸從合作性走向了非合作性博弈。一次孫林向孫休進獻牛和酒，孫休拒絕了。孫林大為惱怒，乘酒酣之時，故意對孫休的近臣張布說：「初廢少主時，多勸吾自為之者。吾以陛下賢明，故迎之。帝非我不立，今上禮見拒，是與凡臣無異，當復改圖耳。」這是對孫休的公然威脅恫嚇。孫休聽了張布的彙報，一面對孫林屢加賞賜，以穩住其心；一面將孫恩加侍中之職，與孫林分掌其原來獨攬的職權。當時有人告孫林欲謀反，孫休不加審訊，就將其交給孫林處理，弄得孫林很尷尬。

孫林感到孫休不像孫亮那麼好對付，就想到地方發展自己的勢力。吳太平三年中曆十一月，孫林正式提出到武昌屯兵，孫休滿口答應。他又請求將他以前統領的中營精兵萬餘人帶往武昌，並要求取走武庫中的兵器，孫休也一一應允。

當時朝中大臣看到孫休對孫林如此不加防備，內心都為之擔憂。事實上，在麻痺孫林的同時，孫休已與近臣張布、左將軍丁奉密議除掉孫林之策。當年十二月卯辰日，朝中按例舉行臘會，孫林似已感到將起變故，稱病不肯赴會。孫休連續派了十幾個人去請他，孫林不愧為詭計多端之人，他整裝準備赴會又暗囑家人：「速將應付事變的兵卒集合好，待我一入宮，你們就在府中放火，我可以藉口回府滅火，儘快離開皇宮。」

果然，孫林入宮不久就傳來其府起火的消息。孫林請求回府，孫休說：「外面兵卒那麼多，何勞丞相親自操勞此事？」孫林還是要強行離去，丁奉與張布忙向左右使眼色，大家一起向前將孫林牢牢地綑綁起來。孫林失去往日的威風，跪地叩頭說：「你怎麼當初不將呂據、滕胤流放到交州呢？」孫林又說：「我願沒入官家為奴！」孫休說：「你當初為什麼不以呂據、滕胤為奴呢？」孫休是在指責他逼死呂據、株滅滕胤，孫林對此無以辯白只好引首就戮。

此後，孫休令將孫林株滅三族，其弟孫闓聞訊欲乘船逃奔曹魏，途中被追殺；其兄孫峻雖早已死去也被掘出棺材，將其所佩印綬取走，豪華的棺材被砍的七零八落，重新埋葬。

孫峻與孫林這一對專權欺主的兄弟，最後落了個株族滅門的下場。其實，孫林的跋扈一開始就引起了孫休的不滿，他繼位之初就想除掉孫林，但因時機不成熟而暫時拖延。但這一天的到來是遲早不可避免的事情，而孫林卻自以為大權在握，皇帝的廢立都得聽他的，他還怕誰呢？

然而，他也不仔細想想，孫休畢竟是一國之君，有哪個皇帝甘當傀儡呢！一時的合作只不過是為了麻痺對方罷了。如果孫林不是去威脅孫休，而是謹慎地維持原有的秩序規則，那麼，他或許真的可以取孫休而代之，重新建立一個新的規則了，他敗就敗在太過張狂。

箴言：「多行不義必自斃。」——左丘明

自卑皇帝與文人的博弈
─朱元璋的文字獄

中國有句諺語，叫做「萬般皆下品，唯有讀書高」，古代的知識分子也很自以為傲，經常以「談笑有鴻儒，往來無白丁」，來顯示自己的學識和清高。歷朝歷代的皇帝對他們的基本態度是：既要運用發揮他們的聰明才智來治理、發展國家，又要防止阻撓他們的銳利思想去質疑、反對朝廷。

毫無疑問，如何避免後一種情況的發生是個難題，不過在經歷了長時間的理論研究和實踐探索後，無所不能的皇帝終於找到了解決的方法，那就是實行文字獄。文字獄關的不是文字，而是孵化文字的文人。皇帝就是要透過文字獄來讓知識分子明白，寫出對朝廷語出不敬的文章，和打架鬥毆、聚眾搶劫乃至殺人放火一樣，都是擾亂社會治安的惡性事件，都是刑部機關嚴打的典型案例。這樣一來，文字獄不但可以殺人，更可以誅心，所以便慢慢的成為帝王手中與文人墨客博弈的一種法寶。

明太祖朱元璋在坐穩皇位後，屢次大興文字獄，許多讀書人死於非名。文字獄屬於詔獄的一種，它的特徵是：罪狀由統治者對文字的歪曲解釋而起，證據也由統治者對文字的歪曲解釋而成。一個單字或一個句子，一旦被認為誹謗皇帝或諷刺政權的，即構成刑責。文字的含義不在客觀的意義，而在當權力擁有者的主觀解釋。

朱元璋製造的一些文字獄，很典型地具有這些特徵：如浙江府學教授林元亮、北平府學訓導趙伯甯、福州府學訓導林伯璟、桂林府學訓導蔣質，都因他們執筆的表章中有歌頌皇帝為天下「作則」一類字樣，被認為是影射他年輕時做過「賊」的往事。尉氏（河南尉氏）縣學教授許元，在奏章上有「體乾法坤，藻飾太平。」這兩句話是千年以前的古文，但朱元璋卻解釋說：「法坤與『髮髡』同音，髮髡是剃光了頭，諷刺我當過和尚。藻飾與『早失』同音，顯然要我早失太平。」於是，許元被處斬。杭州府學教授徐一夔的表文中有「光天之下」、「天生聖人」等語，朱元璋牽強附會，說文中的「光」指光頭，「生」是「僧」的諧音，於是在藉進呈表文罵他當過和尚。德安府訓導吳憲的表文中有「望拜青門」之語，朱元璋認為，「青門」是指和尚廟，這些犯了忌諱的，都被「誅其身而沒其家」在朱元璋的淫威之下喪了命，這一批人只不過代地方官員撰寫奏章，竟招來殺身之禍。

更可笑的是，朱元璋還妄自尊大，自作聰明，結果不少讀書人做了屈死鬼。有個叫盧態的讀書人，人品文品都很好，朱元璋委任他到山東兗州當知州。盧熊到兗州後要啟用官印，發布文告。當他把皇帝授給他的官印取出一看傻了眼，原來朱元璋筆下的詔書是授盧熊為山東袞州知州，這官印是根據皇帝的詔書刻製的，這兗州自然變成袞州了。可是山東歷來只有兗州而沒有袞州，盧熊是個有學問的，辦事認真，於是他就向皇上寫了一份奏章，要求皇上更正，把官印重新刻製過來。朱元璋一見奏章，知道是寫錯了，但是就不認錯，還大罵盧熊咬文嚼字，這兗和袞就是同一個字，盧熊竟敢將它念成「滾」州，這不是要朕滾蛋嗎？於是將盧熊斬首。

文字獄還不限於奏章。朱元璋篤信佛教，對印度高僧釋來復最為禮敬。釋來復告辭回國，行前寫了一首謝恩詩，詩中有兩句：「殊域及自慚，無德頌陶唐。」意思很明顯，他生在異國（殊域），自慚不生在中國，覺得自己還沒有資格歌頌大皇帝。但朱元璋的解釋不同，他說：「殊，明明指我『歹朱』。無德，明明指我沒有品德。」於是朱元璋馬上翻臉，轉瞬之間，釋來復從座上客變為階下囚，人頭落地。

朱元璋屢興文字獄，手段極其殘忍，而且非常的荒誕，這種荒誕的行為實有其深刻的用意：唯有這種不需要任何理由、無從辯解的殺戮，才能夠立威，顯示出皇權的絕對性，而對朝野造成巨大的威懾。對權術的運用推到了極至。

如果說，宋代的文化專制已相當發展，那麼至少士大夫的人格在表面上還是得到了尊重，所以他們能夠以「氣節」自勵，維持求「道」為最終人生目標的理想品格。而朱元璋自其立國之初，就想從根本上打掉文人的自尊，塑造文人的奴性品格。

朱元璋憎恨讀書人是有緣由的，當年朱元璋的死對頭張士誠，一向對讀書人不薄，養著一批文人，但這幫文人表面上對張士誠謙恭有禮，骨子裏卻根本看不起他。張士誠原名張九四，稱王以後，覺得這名字俗氣，想取個官名，他們便替他起了個官名叫士誠。

後來有人查閱《孟子》一書，見上面有「士，誠小人也」一句，也可讀做「士誠，小人也」，朱元璋聽了這故事，回去一查《孟子》，果然如此，於是對讀書人更為憎恨，從此以後他每次翻閱臣下所上的表章，就留了個心眼兒，凡是裏面有影射嫌疑的一律砍頭。後來打擊面越來越大，文章裏有個詞用得不妥也要被殺。

著名詩人高啟應蘇州知府之請，為其新宅寫了《上樑文》，結果因文中有「龍蟠虎踞」一詞被腰斬。狀元出身的翰林院修撰張信是皇子們的老師，有一次他教皇子們寫字，隨手寫了杜甫的一句詩：「捨下筍穿壁」做為臨摹帖，碰巧給前來巡視的朱元璋看見了，認定張信是藉古諷今，嫌朝廷寒酸，怒罵道：「堂堂天朝，譏誚如此！」隨即下令將張信腰斬。

其實，這些文字是不是真有那麼嚴重的鄙視的意思，朱元璋心裏也沒底，但他總覺得所有文字的背後都有可能暗藏著數不清的挖苦、揶揄和譏諷。確有其事的，殺了活該；被冤殺的，全當是一種震懾。

朱元璋深以他的平民出身為恥，深以他當過乞丐和和尚為恥。他的暴戾、殘忍是外表，內心實際上是非常的自卑，或者說心靈極度的自卑外化為極度的自大、專橫，在他充滿自卑的情節中，異常羨慕官員和士大夫所擁有的優越地位，因此產生強烈壓制別人的暴虐意念，以求自己心理平衡。

朱元璋在心理上存在著嚴重的障礙，他的人格分裂，這當然只是後人的猜測。但他在行為上表現出來的冷酷，喜歡看別人流血、看別人痛苦、看別人跪下來向他哀求，而他又拒絕寬恕。連他的嫡長子皇太子朱標和皇太孫朱允炆的勸諫都不聽，這也是事實。這種品質如果存在於普通人身上，他身邊的家人、同事和朋友有可能受到傷害，但是會受到各方面的制約，危害的程度不會很大。身為皇帝而具有這種品質，會使危害擴大，很難對其控制。文字獄總是伴著文人的安危，也伴著國運的盛衰。

歷史上的文字獄，禁錮了思想、剝奪了自由、異化了人格、培育了奴才。言論自由，也成了數千年來無法實現的一個奢求。

然而，歷史畢竟是一直朝前發展，隨著現代民主政治的確立和民選政府的出現，文字獄也就慢慢的沒有了逞威之地。

箴言：「聖賢處事，惟寬惟厚。」—古訓

慾望下的犧牲品——楊秀清「逼封萬歲」的鬧劇

博弈中的人們往往會在危難的時刻團結起來，一同面對他們共同的敵人，從而形成合作性的博弈。但當局勢穩定之後，在分享利益果實的時候，合作的雙方私心便會日益顯露出來。此時，權慾、物慾會在不知不覺中膨脹起來，什麼患難之情、兄弟之誼全部被拋到九霄雲外，當初合作的笑臉已不復存在，剩下的只是瞋目圓睜、勾心鬥角，甚至刀光劍影、反目為仇，從此非合作性博弈便出現了。人們為了自身獲取最大的利益會爭先恐後地邀功請賞，終日患得患失，最後將博弈的對手轉換成曾經一起血戰沙場的盟友。因而，使得許多人不是戰死在戰場上，而是喪命在自己人的手裏，而這一切，都是權力惹得禍。太平天國的楊秀清就是因為濫用權力，導致了與洪秀全之間不可調和的矛盾衝突，最後被洪秀全、韋昌輝所殺。

西元一八四三年，幾度科場失意的士子洪秀全，聯合密友馮雲山準備發動農民推翻清政府的腐敗統治。洪秀全、馮雲山進行了分工，洪秀全主要從事理論研究工作，著書立說，為發動起義做思想準備。馮雲山則深入到形勢險要的廣西紫荊山地區進行實際鬥爭，開拓基業。在馮雲山的積極宣傳組織下，貧苦農民與當地反動勢力展開了激烈鬥爭，紫荊山地區漸成起義搖籃。正當洪秀全趕赴紫荊山區，起義日漸成熟的時候，楊秀清首次演出了「代天父傳言」這一影響至深的一幕。

西元一八四八年一月，王作新以「聚眾謀反」罪名把馮雲山和盧六逮捕，轉押桂平監獄。洪秀全獲悉後，立即趕赴廣州設法營救。由於洪秀全、馮雲山兩位主要領導人都脫離了紫荊山區，隊伍內呈現群龍無首之狀，許多人開始心懷異志，表現出不同的動向：或畏懼退縮，或動搖觀望，而混跡於隊伍中的奸細乘機興風作浪，散佈流言蜚語，有的甚至用當地流行的「降僮」這一迷信活動分化隊伍，加上內有疫病流行，外有團練壓迫，隊伍終於出現了人心惶惶，大有頃刻瓦解之勢的嚴重局面。

在這一關鍵時刻，楊秀清沉默寡言兩個月有餘後，於西元一八四八年四月六日（農曆三月三日），在洪秀全早年「異夢」和當地「降僮」迷信活動的啟示下，找到了靈驗藥方：自稱天父「附身顯聖」、「代天父傳言」。當時楊秀清「嚴厲肅穆，責人之罪惡，常指明個人，又宣露人之隱惡。此外又勸人為善及預言未來，又號令兄弟們如何去做；他的說話大體對會眾留下深刻的印象。」而傳言的具體內容是：「天父已差天王降生，為天下萬郭

(國)真主，救世人之陷溺，世人尚不知敬拜天父，並不知真主所在，仍然叛逆天父，理宜大降瘟疫，病死天下之人，而天父又大發仁慈，不忍凡間人民盡遭病死，故特差東王下凡，代世人贖之。」這就是楊秀清的第一次「代天父傳言」。此後直到西元一八五六年在天京變亂中被殺，楊秀清曾多次重演了這楊秀清在西元一八五三年以前的「代天父傳言」，總的來說都起了積極方面的作用。

楊秀清第一次「代天父傳言」的主觀動機，完全是出於對起義事業的熱心和誠懇，不能把前後不同時期的「傳言」動機混為一談。楊秀清挽救危機時之所以採取宗教的形式而不是其他方式，則是由農民本身的局限性和太平天國運動本身的宗教色彩決定的。由於洪秀全發動之始可以披上宗教外衣，那麼楊秀清用宗教方式來號召群眾，穩定軍心，不但不令人費解，而且是合乎邏輯、合乎情理的。楊秀清在採取宗教的形式時，還巧妙地把群眾的切身利益(疾病流行)與「天父贖病」緊密結合起來。這就極大地吸引了「完全受宗教影響的群眾的感情」，使將瓦解的隊伍能夠繼續集結在洪秀全的旗幟之下。

楊秀清在傳言中，第一次以天父的口吻打出了洪秀全為天下「萬郭(國)真主」的旗號，號召黨眾不要叛逆天父，並許諾為世人贖病，這些無疑起了一定的震懾作用。它不僅給會眾以精神寄託和安慰，而且使洪秀全的「人主」地位有了神聖依據，大大鞏固了內部的團結。正因起過如此明顯的積極作用，所以，當洪、馮回到紫荊山根據地對形形色色的「傳言」活動一一審查時，只把楊秀清的「代天父傳言」和蕭朝貴的「代天兄傳言」審判為真的，其他「傳言」均被斥為妖言惑眾，傳言者被清出隊伍。後來洪秀全還親自下詔，定農曆三月三日為「爺降節」。

楊秀清西元一八四八年的「代天父傳言」，在當時歷史條件下確實起了扭轉危難局面的樞紐作用，是他對天國事業的重要貢獻之一。這不僅為會眾所認同，而且也為洪、馮等領導人所首肯。但就在楊秀清出於真誠的動機演出「代天父傳言」的一幕時，實際又為新的更大的革命危機的爆發埋下了引線。這是洪秀全和楊秀清本人始料未及的。楊秀清透過第一次「代天父傳言」，牢牢地掌握了天國至高無上的神權；西元一八五一年永安封王建制，楊秀清又取得了節制而王以下諸王的統兵大權；西元一八五三年定都天京（南京）後，由於洪秀全臨朝而不理政，楊秀清又在主與軍師的政治體制下掌握了天國的三權，已經成為總操萬權之職的實權人物。但是，從西元一八五三年定都天京（南京）開始，洪、楊之眾隨即由先前的草莽英雄變為「小天堂」的主人，其固有的自私性、狹隘性等種種劣根性逐漸暴露出來了，開始在追求特權和享樂的封建化道路上越滑越遠。思想上追求封建特權（森嚴的等級制度）；作風上追求獨斷專行式的家長領導；生活上追求帝王式生活（妻妾成群，宮女千計）。如此全面迅速的蛻變終於帶來了嚴重惡果：過去的同甘共苦變成了同床異夢；情同手足變成了離心離德；榮辱與共，變成了互相猜忌和爭權奪利。

楊秀清的獨攬大權，對洪秀全的地位構成了嚴重威脅。而楊秀清在天京（南京）事變前，不恰當的一而再、再而三的使用了「代天父傳言」這一最初的發明，和獨家擁有的「神權」，讓洪秀全非常難堪。一旦「天父下凡」，附身顯聖，就連天王洪秀全也要隨叫隨到，也要以子輩的身分屈膝匍伏在楊秀清的腳下，聆聽高高在上的「天父」的訓誡，甚至還要領受楊秀清人為的侮辱。

不僅如此，為了早日實現「參拜天父永為我父，護衛東王早做人王」的目的，楊秀清同樣用「天父下凡」的神話為自己歌功頌德的行為，更讓洪秀全難以容忍。但事已至此，洪秀全欲用和平方式改變皇權旁落局面已非易事，或者說已根本不再可能。一方面，太平天國運動與生俱來的封建神權的感召力，不會輕易在人們心目中自然消滅。另一方面，楊秀清已將神權、政權和軍權集於一身，他不但不會自行放棄使之扶搖直上的封建神權，更不情願將軍政大權還歸於洪秀全。恰恰相反，隨著楊秀清個人思想的進一步蛻變和權力慾望的急劇膨脹，他更變本加厲地向著攬權篡位的方向發展。洪秀全要想改變這種嚴峻局面，結束這場皇位爭奪戰，辦法只有一個，那就是除掉楊秀清。

西元一八五六年上半年，在楊秀清主持下，太平軍先後取得了西征和天京（南京）破圍戰的重大勝利，太平天國軍事鬥爭進入了全盛時期。在這些輝煌的勝利面前，楊秀清把這一切勝利歸功於自身，驕矜自傲。楊秀清錯誤地認為，壓服洪秀全自稱「萬歲」的時機已經到來，於是便毫不猶豫地再一次祭起了「代天父傳言」這一法寶，逼天王封其為「萬歲」；這對洪秀全來說不啻冷水擊身。再也沒有退路的洪秀全決定用殺戮回報楊秀清，他表現主動加封楊秀清為「萬歲」，實是藉此一面麻痺楊秀情，一面激怒韋昌輝。西元一八五六年九至十一月，終於在楊秀清最後一次「代天父傳言」的形式下演出了「逼封萬歲」的鬧劇，並進而引發了一場由誅楊開始到殺韋為止的變亂悲劇。

洪、楊決裂過早的來到，使得數以萬計的天國兒女沒有死在與敵人戰鬥的沙場上，而是倒在了天國兄弟的刀鋒之下，太平天國由此走向衰亡。歷史的教訓不容遺忘，個人私慾的膨脹很容易導致合作關係的破裂，而各為私利的抉擇，最終的結果就是兩敗俱傷。

箴言：「貪如火，不抑則燎原；慾如水，不遏則滔天。」——古訓

在「權」、「利」面前的都是敵人
——在對手面前無「誠」可言的曾國藩

就權力的特徵而言，權與利之間存在難分難解的姻緣關係，因此，如同個人追求利益或效用最大化、追求利潤最大化一樣，透過追求最大化的權力，獲得更多的利益。在官場中，權與利往往是相輔相成，不可分割。雙方的聯手，既給彼此借了「權」，又帶來了「利」，是一種合作性博弈。反之，就會相互排斥、彼此仇視，形成一種對抗。在這點上，曾國藩可謂劃分的格外清楚。

曾國藩辦事是非分明，不但知道誰是自己朋友，更知道誰是自己的敵人。對於敵人，可以轉化的盡可能的化敵為友，如果遇到不能聯盟合作的，就要千方百計地抓住對方的弱點堅決剷除。

西元一八五四年春，曾國藩籌建成地主武裝湘軍，統領皆由曾國藩精心選擇委派，因此，曾國藩對湘軍擁有絕對的指揮權，也只有他能指揮湘軍。湘軍是近代中國第一支軍閥隊伍，曾國藩是近代中國的第一個軍閥。曾國藩統率的湘軍是一支獨立於八旗、綠營兵之外的隊伍，不是經制之兵，沒有固定的軍餉。自西元一八五四年出省抵抗太平軍後，清政府雖然命令各省協餉湘軍，但是各省的年歲有豐欠，軍情有緩急，協餉往往遲解或不解，緩不濟急，曾國藩遂就地籌餉，盡情搜刮，於是與所在的地方督撫爭權奪利，鬧矛盾，搞摩擦。西元一八五五年，曾國藩碰到了一個別有來頭、與他同樣驕橫的浙江巡撫何桂清，偏不買他的帳。

何桂清，字根雲，雲南昆明人，進士出身，在清政府中央歷官至侍郎，得到咸豐帝的賞識。西元一八五七年，清政府任命何桂清為兩江總督，勒令曾國藩在籍守制，意味著清政府把絞殺太平天國革命的希望，完全寄託到了兩江總督何桂清與其由綠營兵組成的江南大營身上。西元一八五八年，曾國藩東山再起，重新掌握湘軍，何桂清根本不把曾國藩的湘系放在眼裏。以後，兩派圍繞著馳援浙江巡撫羅遵殿、李元度組織「安越軍」、救援浙江巡撫王有齡等問題展開了激烈的鬥爭，說到底，這是為了爭奪浙江、江蘇兩省的地盤而各自施展的陰謀詭計，排擠陷害，演出了一幕幕的鬧劇。

曾國藩重掌湘軍兵權，負責追擊石達開部太平軍。石達開部由浙江、福建、江西轉戰進入湖南，曾國藩遂率軍自江西進入安徽，與胡林翼合作，進犯安慶。論理與何桂清集團不應發生什麼矛盾，但是，形勢的變化，曾國藩湘系與何桂清集團卻在爭奪浙江地盤的問題上，發生了明爭暗鬥。

西元一八五九年九月中旬湘軍攻陷九江後，短短的幾個月內，幾乎全部攻陷了太平軍所佔領的各府州縣。湘系頭領曾國藩、胡林翼等認為，如果奪取浙江地盤，既足以控制皖南，防止太平軍從皖南進入江西，震撼湖北、湖南，又可以解決一部分軍餉問題。這樣，曾、何兩個派系圍繞著爭奪浙江的控制權，而矛盾鬥爭激化起來了。

西元一八六〇年五月六日，太平軍以雷霆萬鈞之力，排山倒海之勢，一舉擊破江南大營。李秀成指揮太平軍乘勝追擊，十九日攻克丹陽，馬不停蹄，直下常州。曾經發誓力保常州的何桂清驚慌失措，布政使薛煥、總理糧台查文經等稟請何桂清退駐蘇州以籌餉。常州地主士紳跪留何桂清守城，何桂清命親兵開槍轟擊，地主士紳死傷十餘人。二十三日，何桂清敗奔蘇州，江蘇巡撫徐有壬「閉城不納」，轉逃上海。六月二日，太平軍攻取蘇州，江蘇巡撫徐有壬跳水自盡。

徐有壬死後，何桂清的同黨薛煥繼任江蘇巡撫，僑設官署於上海，何桂清得到薛煥的庇護，朝廷對何桂清雖有革職拿問的命令，但他與薛煥、王有齡密約，企圖東山再起。王有齡、薛煥一再奏請朝廷准許何桂清留營效力，清廷不准。

薛煥在上海擁兵五、六萬，紀律廢弛，戰鬥力薄弱，很難自保。他便派人至蘇州地區，勾結假投城太平天國的團練頭子徐少蘧、費秀元等，透過徐、費等拉攏隱藏在蘇州太平軍中的異己分子，組成一個龐大的勢力集團。西元一八六一年底，李秀成調集各路太平軍猛攻杭州，叛徒們認為蘇州城防空虛，陰謀在城內舉事，襲陷蘇州。

薛煥千方百計在為何桂清創造條件，為其解脫罪名，企圖爭取時間重振何桂清集團。再說何桂清在朝廷的靠山彭蘊章也力保何桂清，後因「缺乏知人之明」而失去了軍機大臣的職位，但依舊受到朝廷的尊重，何桂清的潛勢力也仍然存在。因此，曾國藩想真正鞏固自己的政治地位，必須奪取江蘇這塊地盤，才能徹底剷除何桂清集團的勢力。

西元一八六一年十一月十八日，曾國藩在《查復江浙撫臣及金安清參款折》中復奏：「薛煥帶勇非其所長，株守上海一隅，其所援引之人，類多夤緣之輩，……薛煥偷安一隅，物論繁滋，蘇、浙財賦之處，賊氛正熾，該員不能勝任，應否降革之處，出自聖裁。」一鼓動朝廷撤換薛煥，使江蘇巡撫的位置形成空缺。

西元一八六二年四月，李鴻章率領的淮軍東下，到滬不久，朝廷任命李鴻章接替薛煥為江蘇巡撫。李鴻章就任後，秉承曾國藩的旨意，立即逮捕何桂清，並解送北京。至此，何桂清集團的地方勢力被剷除瓦解，何桂清集團在蘇浙的地方勢力被打得煙消雲散。

同年五月，何桂清被壓入刑部監獄。承辦秋審的刑部直隸司郎中余光倬，是常州人。

他對何桂清曾槍殺家鄉父老的行徑恨之入骨，便徵引大清封疆大吏失守城池斬監候、秋後處決律，謂何桂清擊殺執香跪留父老十九人，忍心害理，罪當加重，斬立決。刑部又經過大學士六部九卿翰詹科道會議，對斬立決的判決表示贊同。而此時慈禧卻出面，藉口「一品大員，用刑宜慎」，准允「各陳所見」？這明明是有意為何桂清網開一面。其原因是想藉何桂清的綠營兵，遏制曾國藩湘系勢力的過分擴張，這一舉動完全符合了清廷的心意。

清政府在命令就何桂清量刑輕重的問題上，提出「如有疑義，不妨各陳所見」後，朝廷中上疏申救何桂清的十七人之多。而曾國藩在京中的耳目甚多，對於申救何桂清一事，當然瞭若指掌。疏救何桂清的人越多，曾國藩就越加害怕，越要置何桂清於死地。否則，一旦何桂清被赦免釋放，對湘軍會構成很大的威脅。在曾國藩心目中，此人不可不除。因此，當清政府責令他查復何桂清的案子時，他抓準了這個復奏的機會，揮起他的殺手鐧啟奏道：「疆吏以城守為大節，不宜以僚屬之一言為進止；大臣以心跡定罪狀，不必以公稟之有無為權衡。」曾國藩的這番話，等於是將何桂清送上了斷頭台。何桂清被殺後，反對誅殺何桂清的朝官，對紅極一時的曾國藩也無可如何，至此，何桂清集團的地方勢力被剷除乾淨。

從他們的派系鬥爭中，可以看出何桂清的剛愎驕橫，曾國藩的心計之深與心毒手狠，兩派的鬥爭，激化到了生死拚搏的程度。曾國藩與何桂清的矛盾鬥爭，先後六年，他們在明爭暗鬥中，互相傾軋排擠，兩面三刀，隔岸觀火，投井下石，誹謗陷害，無所不用其極。而曾國藩在留給後人的教誨中，雖然處處顯示著要以「誠」字待人，但他在與何桂清的博弈中卻是沒有絲毫的「誠」字可言，反而是千方百計地致對方於死地。

箴言：「福禍同門，利害相鄰。」——《文子．微明》

第五章

猜疑與信任的尺度把握

誠信是合作的基礎，但一般而言，誠信只是博弈各方在一定形勢下的權益之計，一旦博弈的某一方的實力發生變化，處於強勢的一方就會為了追求自己的最大化利益而拋棄誠信，這就是人們常說的：「沒有永遠的敵人，也沒有永遠的朋友，只有永遠的利益。」

欲擒故縱收攬皇權——漢宣帝與霍光的較量

中華民族的始祖黃帝曾說過：「君臣一日百戰。」君臣關係從來都是一對合作和猜忌的特殊關係。漢宣帝與權臣霍光博弈的實例，就是典型的例子。剛剛繼位的漢宣帝劉詢，雖然年未弱冠，但頗有幾分政治家的謀略。面對連任三輔的霍光，他欲擒故縱，先故意放縱對手，使其解除戒備，在對手猝不及防之時為我所擒，可謂是中國歷史上深諳此道的博弈大師。

漢宣帝劉詢，原名劉病已，是漢武帝劉徹的曾孫，「戾太子」劉據的孫子，父親史皇孫劉進，母親王氏。他出身於皇室，少年時代卻有著坎坷的經歷，因此他對下層社會的生活比較瞭解，在西元前七十四年繼位後，制定了有效的對民政策，形成了中興盛世，與昭帝劉弗陵時期合稱「昭宣中興」。

劉病已出生於西元前九十一年，他的祖父是漢武帝的太子劉據，在劉病已幾個月大的時候，發生了「巫蠱事變」，祖父劉據、父親劉進、母親王夫人都被害而死。繈褓中的劉病已受祖父「反叛」之罪被關進監獄，一關就是四年多。

西元前八十七年，漢武帝劉徹得了重病，有人說長安監獄有天子氣，使漢武帝致病，應該把犯人都殺掉，病才能好。漢武帝為了保命，深夜下令殺掉長安所有監獄的犯人。當執行官來到劉病已的所在監獄時，遭到獄官丙吉的拒絕。他說皇曾孫在這裡必須要安全，而其他犯人也不是死罪，不能亂殺無辜。這使漢武帝對自己的行為有所悔悟，也使劉病已死裏逃生。在劉病已五歲時，經過大赦出獄，丙吉護送他到他的祖母史家。不久，他被恢復宗室身分，由朝廷發放生活費用，過上了富足悠閒的生活。

劉病已自小住在監獄中，出獄後生活在民間，他聰慧好學、喜歡結交朋友，使他對民間疾苦、吏治得失、世間不平等都有深刻的瞭解。在他出獄被恢復宗室身分後，管理他們的官員張賀對他十分關心。張賀原是劉據的舊部，他不僅自己出錢給劉病已請老師，使他受到了良好的教育，而且在他十五歲時給他娶了許廣漢的女兒做妻子。儘管如此，皇位離他還是很遙遠，他的登基實在是一種僥倖。

西元前七十四年四月，年僅二十一歲的漢昭帝去世，因沒有子嗣，皇位繼承人成了問題。當時，漢武帝的六個兒子中僅剩下廣陵王劉胥，許多大臣都傾向於劉胥，但霍光認為劉胥內行不修，不能為帝，最後決定由漢武帝的孫子昌邑王劉賀繼位。劉賀到了長安於六月登基，他飲酒作樂，大封自己的舊部，冷落了抬舉他的朝臣，犯了政治上的大忌。因此，以霍光為首的朝臣聯名上書皇太后，廢掉了只作了二十七天皇位的劉賀。在廢掉劉賀後，誰來繼位是統治集團面臨的問題。

經過反覆對比和慎重考慮，他們選中了劉病已，因為他來自民間，政治上沒背景也沒勢力，當上皇帝後，自然感激推舉他的人，而且僅十八歲，沒有政治經驗易於控制。於是，霍光和大臣們將劉病已接進皇宮，先封為陽武侯，即而謁祭祖廟，舉行了隆重的繼位大典，成為君臨天下的皇帝，並正式更名為劉詢。

劉詢繼位之初，朝政大都掌握在霍光手中，當時除了霍光權傾朝野外，他的兒子霍禹、侄孫霍雲是統帥宮衛郎官的中郎將，侄孫霍山擔任奉車都尉侍中，統帥禁衛部隊胡越騎兵，兩個女婿擔任東宮和西宮衛尉，掌管整個皇宮的警衛，其他親屬、親戚也在朝中擔任重要職位，形成了一個龐大的勢力網。霍光的權勢和聲望在廢除劉賀、擁立劉詢之後，達到了無以復加、登峰造極的地步，成為西漢朝廷實際上的統治者。

在民間時，劉詢對霍光的權勢和威風就有所耳聞，在成為皇帝後，更領教了霍光的權威。在繼位謁見祖廟時，霍光陪他乘車前往，他就感到如芒刺在背，渾身不自在。此時的劉詢明白自己剛剛繼位，勢單力薄不能和霍光抗衡，要克制自己和發展自己的勢力，尋求有利時機奪回最高統治權。當霍光表示要還政於他時，他非常「誠懇」地回絕了，並明確表示非常信任霍光，請求他繼續主持朝政，事無大小均先奏報霍光，論定策功，增封霍光一萬七千戶。每次霍光上朝，劉詢都給予極高的禮遇，在霍光的妻子毒殺了許皇后之後，劉詢也不動聲色，立霍光的女兒為皇后，消除了霍光的猜忌和提防，緩和了朝廷內部潛在的政治危機。

西元前六十八年，霍光去世，劉詢親臨喪禮，按皇帝規格埋葬了霍光，並加封霍山為樂平侯，以奉車都尉領尚書事。劉詢開始親政，他深知霍家的勢力還很大，掌握著重要的各部門和軍權，他採用明升暗降的方法，任命霍禹為大司馬，剝奪了他的屯兵權。霍光的其他親屬也被調離原職。同時，劉詢重用御史大夫魏相，讓他以給事中參與朝中機密決策，後來提拔他做了丞相，任命丙吉為御史大夫，以張安世為大司馬、車騎將軍、領尚書事，分去霍氏部分許可權，又封為衛將軍，掌管了兩宮衛尉和城門、北軍，並改用許、史子弟安插在各部門。他還對上書制度進行改革，吏民上書可不經尚書直送皇帝閱覽，把霍山、霍雲領尚書事的權力架空。經過一系列的策劃，霍家的權力逐步縮小，大權已經掌握在劉詢的手中。霍氏惶恐不安，陰謀廢除劉詢，但事情洩露被劉詢鎮壓，霍雲、霍山自殺，霍顯、霍禹等被殺，連同親戚范、鄧等家都被誅殺，霍皇后被廢，統治了西漢十幾年的霍家被消滅，劉詢確立了自己的絕對統治。

在徹底消滅了霍氏集團以後，劉詢掌握了政權進行整頓改制。鑒於霍氏專權的教訓，劉詢親政後首先加強君權。自漢武帝以來，尚書成為掌管機要的中樞機構，吏民上書和詔令發布都經過此處經辦，所以朝臣領尚書事就會掌握機要大權。劉詢對尚書制度進行改造，擴大了由宦官控制的中書的許可權，吏民上書和詔令擬訂發布都由中書負責，不經過尚書，從制度上保證了君權的獨尊。

在這場君臣博弈中，剛繼位時的宣帝劉詢，由於地位不穩，他與霍光的關係是猜忌與倚重並重。這種複雜的心理也被霍光看透，並提出辭職以試探宣帝的權術手段。宣帝一方面需要霍光壓住自己仍然陌生的政治勢力，一方面也因為皇權沒有鞏固不能使權臣疑忌，於是執意不准霍光還政於己，而且主動讓大臣奏事先告知霍光，自己則謙虛謹慎、唯唯諾諾，以此消除霍光的猜忌。漢宣帝深知將欲取之、必先予之，輔之笑裡藏刀、審時度勢、反客為主、隱忍待時、釜底抽薪的計策，加上意志力，終於誅滅霍氏家族；這就是人治社會博弈的隱秘而艱險之處。

箴言：「如欲抑之，必先張之；欲擒之，必先縱之。」—老子

縱有經綸難酬志——諸葛亮的悲哀

大凡歷史的悲劇，就會有悲劇人物。歷史的車輪轉過了悠悠五千年，有這麼一批人，他們反抗過—反抗皇權，反抗霸道，反抗君主專制；同時他們又是如此忠誠—忠於皇權，忠於霸道，忠於君主專制。他們有的名垂青史，後代為之稱頌。可是時間消褪了他們的反抗，忠誠亦成為他們生命的終結，靈魂的枷鎖。諸葛亮集智慧、忠誠、正直、謙潔於一身，他的成就使其幾乎成為智慧的代名詞。但由於他那過度完美主義的人格品質，使得他在處事務實中追求盡善盡美，不容馬虎，凡事放心不下，終而成為一個歷史中的悲劇人物，他的多智終究無法讓蜀國逃脫歸晉的命運。

諸葛亮是個能人，是水鏡先生向劉備推薦的，並曾告之：「伏龍、鳳雛二人得其一者可安天下。」那伏龍便是諸葛亮，於是劉備便不顧「皇叔」的體面，親自三顧茅廬請出了這條「伏龍」。「伏龍」遇「明主」後，果真施展出經天緯地之才，從此劉備由弱到強，不僅爭得了一席天下，還快快活活地做了幾年皇帝，諸葛亮也由此名揚天下，至今仍有享不盡的人間煙火。

然而，諸葛先生雖然風光得很，卻也有道不盡的遺憾和悲哀：他並未能在三國的博弈中為劉備安得天下，他「出師未捷身先死」，結局是「三國歸晉」，根本就沒姓劉的份，諸葛亮的悲哀，使古往今來多少好事者為之「淚滿襟」。對此，世人大都將責任推到那位可憐的「阿斗」身上，卻很少有人去追究諸葛亮的不是；當然阿斗昏庸無能是蜀國滅亡的根本原因，諸葛亮在與魏、吳的博弈中用才方面也存在著嚴重的失誤，這是他的悲哀所在。

諸葛亮雖有雄才大略，卻對下屬的能力放心不下，因此每臨大敵，他總是自己在那裡苦思冥想。只到晚年他才著急慌忙地培養了一個姜維，可惜為時已晚，還未等把姜維培養成才，他自己已飲恨在五丈原了。他選定的關、張、趙、馬、黃等「五虎上將」，辛苦征戰二十多年也不更換，在其執政的二十七年裏，沒有培養出一個「五虎上將」式的新人，結果老的老、死的死，年輕幹部又得不到及時補充，骨幹力量出現嚴重斷層。老黃忠六、七十歲了還要奮戰疆場，危急時刻諸葛亮無將可用，只得用激將法硬是將這位老人家「激」上戰場拚掉了一條老命。

這主要是諸葛亮在用人方面任人唯親。他偏愛重用「圈裏」的人，「圈外」的人幹得再好也白搭。張飛、關羽多次出現重大失誤或嚴重違紀，如醉失小沛、私放曹操等等，但因為他們與劉備是拜把兄弟，不僅未受任何處罰，反被提拔到「五虎上將」的高階領導位置。另外，還有那個馬謖，只因是在諸葛亮身邊的人，便格外受器重，雖然一無實戰經驗，二無突出政績，卻被諸葛亮破格提拔為主將，鎮守關乎蜀軍生死存亡的關隘—街亭，而有個叫王平的雖然身經百戰，卻因為不會阿諛奉承，只授了個副將的虛職，於是便有了馬謖痛失街亭的千古遺恨。街亭一地既為戰略重地，街亭之戰又是關係著伐魏成敗的關鍵性戰役，照理說對這樣「牽一髮而動全身」的戰事，諸葛亮應該謹慎從事，而諸葛亮卻任人唯親派「言過其實，不可大用」的一介書生馬謖孤軍遠出，正應了「前不能救後，後不能救前」的兵家大忌。

另外，諸葛亮為了平衡與劉姓皇族的關係，還將一些並無真才實學的關係人物委以重任，如安插劉備的小舅子廖化當先鋒便是典型一例。結果這位平時養尊處優的公子哥遭遇魏軍先鋒張郃時，未及三合便大敗虧輸，給後人留下了「蜀中無大將，廖化作先鋒」的笑柄。

此外，諸葛亮用人的疑心也很大，並且沒有能把握好猜疑與信任的尺度。他在初次見到魏延時，就看他不順眼，並說：「食其祿而殺其主，是不忠也；居其土而獻其地，是不義也。吾觀魏延腦後有反骨，久後必反，故先斬之，以絕禍根。」因此要殺魏延，幸虧劉備出面挽救了魏延的性命；但是這一次已決定了魏延悲劇性的命運。諸葛亮所說的「腦後有反骨」，其實就是魏延有點桀驁不馴，不太聽話，或者說魏延不是那種對上司唯命是從的人，他辦事有自己的主見；諸葛亮所說的「忠義」，實在是一種愚忠愚義，即不管主子如何昏庸、如何暴虐，都必須對他忠心不貳，但魏延恰恰是一個有正義感，有反抗精神的人，因此他殺了他的殘暴不仁的上司—長沙太守韓玄而投奔劉備。

當時，做為能征善戰的勇將，魏延除掉貪婪暴戾的原主子而投奔劉備，本是「棄暗投明」的義舉。諸葛亮卻對他無端猜疑，不但因其腦後有塊什麼「反骨」，差點砍了魏延的腦袋，並且在魏延此後多次向諸葛亮諫言獻計，他都心存疑竇一概不納，甚至派人暗中盯梢監視他，結果不僅真的把魏延給逼反了，也寒了眾多降將的心。而曹操卻不然，他求賢若渴，廣納人才，包括一篇檄文把他罵得狗血淋頭的陳琳，一把大刀差點要了他性命的龐德，他都不計前嫌，收羅帳下，因此他的陣營裏「謀士如雲，戰將如林」。最後司馬家族之所以能三國歸晉，歸根結底還歸功於曹操打下了人才基礎。

諸葛亮對魏延的偏見還導致了蜀軍首出祁山即遭敗績。由於諸葛亮對魏延的偏見，在第一次北伐中原出兵之際，諸葛亮與魏延在伐魏的戰略上就產生了爭執。蜀漢經過幾年的休養生息，有了一定的軍事實力，決定北上伐魏恢復劉姓漢室江山。當時魏主曹叡派遣駙馬夏侯楙率關中諸路軍馬前來拒敵。魏延提出獨到的方案：「延願得精兵五千，取路出褒中，循秦嶺以東，當子午谷而投北，不過十日，可到長安。夏侯楙若聞某驟至，必然棄城望橫門邸閣而去。某卻從東方而來，丞相可大驅士馬，自斜谷而進，如此行之，則咸陽以西一舉可定也。」應該說，這是一個很有獲勝希望的戰略構想。但是，諸葛亮卻偏偏選擇了：你想從子午谷間道直取長安，我偏要「從隴右取平坦大路，依法進兵」；你想自引精兵親往，我偏要讓馬謖、王平立此奇功。這種「反其道而用之」的結果，使得兵鋒驍銳的蜀軍轉了一個大圈子，自漢中向西繞道陽平關，經武都、天水而祁山，在崇山峻嶺裏兜來兜去，不僅使十萬將士的體力和寶貴的糧秣輜重無謂地消耗在長途跋涉中，也嚴重挫傷了軍隊士氣，更糟糕的是，曹魏得以從容地做好迎戰準備，以逸待勞，最終使蜀軍坐失良機，敗回川中。

對此，就連諸葛亮的對手司馬懿事後都倍感慶幸，可見魏延的設想是可行的。而且清朝人毛宗崗在評點到此處時也嘆息說：魏延的建議「亦韓信暗渡陳倉之計，惜孔明之不用也」。由此可見，諸葛亮在決定出兵路線時存在著意氣用事，這是他對魏延的偏見所造成的。此後的五次北伐仍循舊路，諸葛亮仍未在戰略戰術上吸取教訓，導致對司馬懿的堅城固守而無可奈何。

魏延雖然「不肯下人」，但對諸葛亮卻是既畏且服的，即使他那條「子午谷之謀」被丞相否定之後，他仍能顧全大局完全按照諸葛亮的意見從事，且在執行中盡心盡力，然而諸葛亮至死仍以成見待魏延。尤為過分的是，諸葛亮在五丈原即將走到生命盡頭的時候，在安排後事時，竟然也為魏延的結局做好了安排。他主觀地認為：「我死，魏延必反。」並將魏延排斥於治喪人員之外，引起魏延不滿。他還讓心胸狹隘、品性卑劣的襄陽老鄉楊儀接替自己掌兵權，而讓長期與楊儀不和的魏延在退兵之時斷後，以激起魏延之變，導致魏延與楊儀衝突，再讓馬岱名正言順的殺掉魏延。

回顧這些歷史，從諸葛亮身上可以看出智慧，但也看出了他的迂腐，其實他也是這種醬缸文化的犧牲品。他是「明知不可為而為之」，早知道鼎足三分而西蜀最弱，但是還要窮兵黷武，還是要堅持伐魏，去做那不可為之事。可惜在魏、蜀、吳的博弈中諸葛亮縱然有滿腹經綸、濟世之才，但不能以才育才，以才用才，最終難酬其志。諸葛亮不僅沒能實現匡復漢室的理想，而且使蜀國成為三國中最早被擊敗的一個。

所以，孔子與孟子告誡後人「不可以有好惡之念」，要「用人不疑，疑人不用」，確實是非常中肯的。而從諸葛亮這位中華民族智慧的象徵身上我們可以清晰的看到，傲慢與偏見往往是扼殺人才的頭號敵人，但是如何在兩者之間把握好猜疑與信任的尺度，卻是一件很不容易的事。

箴言：「用人不疑，疑人不用。」—孫子

明君與賢臣的背後——李世民的懷柔政策

任何一種博弈都是雙方利益均衡的遊戲，同時又是不斷的在博弈中尋找平衡點的過程。實際上博弈的雙方就像一個踩在鋼絲上的人，鋼絲的兩個方向代表著各自最大的相互對立，並且又相互依存。如果當任何一方對另一方佔絕對優勢的時候，也就是這個平衡瀕臨崩潰的時候。一旦失衡，就難以恢復。

古代明智的君主都深知這點，因此他們為成就自己的帝業，使得君臣之間的關係多為相互依存、相互利用關係，君為臣做主，臣為君服務。從某種意義上講，這是陰陽之合，文武張弛之道。從政治理論上講，這是政治運作的策略原則。然而，事情一落到實處，真正的政治運行、政治操作卻不能不需要實實在在的人物角色來承擔實實在在的工作任務。

魏徵原是太子李建成的謀士，「玄武門之變」太子李建成被殺後，李世民看重他的才幹，重新重用了他，以禮相待言聽計從，終於使他成了自己最重要的心腹大臣。從這一點上來說，李世民確實是一位英明的皇帝。在中國封建君臣當中，能極於求諫與敢於直諫者當推李世民、魏徵二人。若將李世民與魏徵的關係做更深一層次的探索，就會發現在所謂的明君與賢臣的背後，有著複雜的因素。

早在唐高祖時，魏徵曾擔任李建成的太子洗馬，當時李世民的威勢已露端倪，魏徵曾勸李建成除掉李世民，並為李建成周密設計。但後來李建成不但沒能除掉李世民，反被李世民所除。李世民登基後，對魏徵曾向李建成的獻計獻策謀害自己的事情不僅不聞不問，而且讓魏徵擔任非常重要的諫議大夫之職。此後，魏徵任職期間向李世民提出諫諍二百餘事，其中多次違忤李世民旨意，李世民也曾因此動怒，聲稱要殺掉魏徵。但是最終不但沒殺魏徵，反而對他更加信賴和重用。當然，魏徵本人也深知自己的身分地位和處境，他曾坦白的向李世民進言，說：「願陛下使臣為良臣，勿使臣為忠臣。」因為在魏徵看來，死心踏地做帝王的忠臣，不但個人難得善終，而且對皇帝、對朝廷、對鞏固帝業也不會有什麼益處。而做良臣則是「身獲美名，君受顯號」，君臣之間可以互利互益，並存共榮。

李世民統治的李唐王朝是以關隴士族集團為核心建立起來的，但無論其聲望還是其歷史影響均不及山東士族。因此關隴集團必然對山東集團進行壓制，勢必引起山東勢力的不滿，極有可能導致山東集團的反抗，一旦這股巨大的不滿勢力和原有的反隋勢力相結合，就會加劇政局的動盪，影響到李唐王朝的鞏固和對西北地方的經略。如何牽制山東士族勢力，消除他們對中央集權的離心力，是李世民必須要考慮的。

而最能牽制山東士族勢力的就是山東豪傑了，所謂山東豪傑就是隋末山東農民起義軍的大小領袖。這些人在降唐之後大部分轉化為庶族地主，他們和山東士族在政治經濟利益上有根本衝突。如果充分利用他們，使其和山東士族互為牽制，就能取得政局的穩定。而魏徵又是最能代表山東庶族集團即所謂山東豪傑利益的人物之一。魏徵不僅參加了瓦崗起義，而且又是原東宮集團的主要謀臣之一，這種特殊的經歷不僅使其成為山東豪傑的聯絡人，而且也成為山東集團的代言人。如果李世民殺掉魏徵，就會導致這兩大勢力的不安和反對。而維護山東集團的政治、經濟利益，則成為魏徵在貞觀時期的主要任務。

如何使自己的目的得以實現，魏徵也是經過一番深思熟慮的。他洞穿了李世民的心理，看到了唐初各種矛盾的焦點所在。利用自己為諫議大夫之機，積極進諫，以「居安思危」之語打動李世民。魏徵多次進諫於李世民，指出隋亡的根本原因就是「甲兵屢動，搖役不息」，希望李世民以亡隋為鑒。透過歷史不難看出，隋朝的滅亡與重役山東，攻伐高麗密切相關。而李世民經略關中，安撫山東，也無不是為與高麗作戰做準備。一旦重與高麗開戰，山東所受賦役又必然加重，這是山東集團所反對的，也是魏徵最不願看到的。因此，貞觀十四年，李世民準備登泰山封禪時，魏徵進諫堅決反對。魏徵反對李世民登泰山封禪，實質上就是不願關隴集團過早地染指山東，勞役山東地方。他保護山東的意圖又流露出來。

為擴大山東集團在唐中央的實力，魏徵先後向太宗李世民推薦侯君集、杜正倫、褚遂良。並特別指出侯君集、杜正倫有宰相才，使他們受到李世民的重用。而李世民對魏徵的心理活動也極為清楚，看到了魏徵的背後有龐大的山東集團做後盾，而自己又「繼位日淺，國家未安」，必須協調各種政治力量之間的關係，使自己時時處於居安思危的狀態，保持清醒的頭腦，因而接受魏徵的「犯顏」進諫也就不足為奇了。

這位身居九五之尊的李世民，為了取得山東集團的支持，維護統治，只得將臣下的「犯顏」與不滿深深地隱藏在心中。這與李世民的性格是格格不入的，對他而言是一種痛苦的選擇，唯有在廟堂之後切齒道出「會殺此田舍漢」的憤言，而這又恰恰是李世民的聰明之處。

李世民深知，隋煬帝處處專斷的一言堂，雖「勞神苦行，未能盡於合理」，結果葬送了隋王朝。前車之鑑也使得李世民必須聽到不同的意見，更何況魏徵的多數諫詞，除有居安思危成分外，還可起到抬高李世民聲威的作用。如每當李世民責怪魏徵進諫的直言時，魏徵就說：「願陛下使臣為良臣，勿使臣為忠臣。」「良臣使身獲美名，君受顯號，子孫傳世，福祿無疆。忠臣身受誅夷，君陷大惡，家國並喪，空有其名。」如此之語，也就引出了李世民「徵蹈履仁義，以弼聯躬，欲致之堯舜，雖亮無以抗」，「人言魏徵舉動疏慢，我但覺嫵媚之論」。然而在重大實質問題上，李世民就獨斷專行，不會接受魏徵的諫言，魏徵也多取迴避之法。

李世民曾為皇位繼承問題大傷腦筋，「太子承乾失德，魏王泰有奪嫡之漸」。李世民也感到難以處理，就準備讓魏徵「輔太子，用絕天下之望」。魏徵深知其中的利害關係，極力「以疾辭」。這樣當承乾被廢為庶人，魏王泰遭戮時，魏徵也就避免了和侯君集一樣的命運。

貞觀十四年，唐軍平定高昌，李世民決定在高昌設置州縣加以管轄，魏徵等上書極力加以反對，但李世民堅決不聽魏徵之諫，各置州縣。從歷史的角度看，李世民此舉是有遠見卓識的。隨著貞觀初年政局的穩定，東突厥滅亡，吐谷渾、焉首等俯首，西突厥在西域的勢力大為衰落，西北少數民族對唐王朝的威脅趨於消失。李世民憑著強大的國力，開始全力經營關東，準備進攻高麗了。這時唐朝政治鬥爭的中心由關中轉向山東，唐太宗和魏徵的關係也發生了微妙的變化。

李世民經略關東的第一個重大步驟就是打擊、抑制山東士族，將原屬第一等的山東大族崔民幹降為三等。並一反過去「仁善之君則能納誨」的態度，對舊臣的疑心越來越大。對魏徵，李世民更深具戒心。由於政局的穩固，魏徵充當警鐘的作用已不像以前那樣為李世民所急需。更何況魏徵向李世民推薦的杜正倫和侯君集分別以「罪黜」、「犯逆伏珠」、「太宗始疑徵阿黨」。其實魏徵也早就看到了唐太宗對自己的懷疑，自己在貞觀中後期可能隨時會重蹈杜正倫、侯君集之覆轍。故也採取了一些保全自己的措施，這就是他「自錄前後諫諍言辭往復，以示史官起居郎褚遂良」。李世民知道此事之後，雖內心不高興，但如若像處理侯君集、杜正倫那樣對付魏徵，也得三思；這也是魏徵的聰明之處。魏徵採取如此保全之法，可謂高明之至矣！直到他死後，李世民尚能「親臨坳哭，廢朝五日」。發喪之日李世民亦「望喪而哭」，「親制碑文，並為書石」。

魏徵的聰明就在於他看到了李世民虛心求諫、重用人才的表象後面，隱藏著本身固有的疑懼、殘忍及獨斷。也看到了李世民急於在眾人面前刻意修飾自己，以掩飾自己殺兄逼父之是非，這些從李世民的言行中可以清楚看出。越到貞觀後期，李世民越愛玩弄權術，越注意自己的形象，唯恐史家書有己之惡的記載。做為一名帝王，對自己的歷史活動如此關心，甚至要親自御覽起居注，在中國歷代帝王中恐不多見；由此可見他的心理矛盾複雜非同一般。

但站在帝王對待降臣及非嫡系舊臣的角度來看，可以說，如果李世民沒有過人的氣量、大度、遠見卓識，或者說沒有那過人的心術，魏徵不僅不能發揮如此重要的作用，甚至極可能早就做了唐太宗刀下的冤鬼，那樣的話，盛唐的歷史就會改寫了。

唐太宗和魏徵是中國幾千年歷史上配合最為默契、對皇朝做貢獻最大的一對君臣，他們成就的貞觀之治也成為史學家筆下的千古美談。

箴言：「功高必忌，位極必疑。」——古訓

不懂權力潛規則的代價——岳飛精忠難報國

博弈中的每個人不僅是進攻者，同時也是防禦者。因為算計和被算計是同時存在的，一不留神就會被對手給吃掉，正所謂「螳螂捕蟬，黃雀在後」。這種情況下，就要謹小慎微地行事，避免跑到對手的射程範圍裏。在殘酷的博弈中，首先應學會自我保護，然後才是進取與開拓。在歷史上，這樣的事情實在是太多了。

南宋初年，當金兵呼喊「撼山易，撼岳家軍難」的時候，最害怕岳家軍的不是金兵而是宋高宗。既然連驍勇善戰的金兵都說「撼岳家軍難」，那麼一旦岳飛坐擁自大，剛剛建立的南宋政府如何來對付這支善戰的軍隊呢？

雖然岳飛本人沒有坐擁自大的野心，但宋高宗卻不這麼想，他必須趕在岳飛變大之前除掉他，否則一旦岳飛尾大不掉，那後果就不堪設想了。從這一角度而言，岳飛的死是必然的了。

岳飛早在北宋末年就從軍抗金，起初在宗澤等名將統率下轉戰開封、廣德、宜興等地，後來因屢立戰功不斷受到提拔，到南宋初年時已經成為能征善戰的抗金將領，並且形成了數萬人的岳家軍。

從西元一一三四年起，岳家軍的大本營進駐鄂州（今武漢市武昌區），前後達七年之久。鄂州地處長江中游，控扼南北，襟帶長江中下游諸城鎮，是宋朝的戰略要地。岳家軍屯駐於此是很有戰略眼光的。但宋高宗也從此如芒刺在背，如此一個軍事重鎮，讓一個手握重兵的將領來鎮守，即便岳飛本人毫無野心，誰能保證他的部下也毫無野心呢？

西元一一三四年一月，金朝與大齊國（由金兵扶植的以劉豫為皇帝的偽政權，俗稱偽齊）的李成合兵五十萬大舉進攻南宋，攻陷襄陽府及唐、鄧、隨、郢、漢陽等六州郡。偏安杭州的南宋政權岌岌可危，這時從江州移軍鄂州的岳飛於二月上書宋高宗，主動請戰，北擊襄陽偽齊軍。三月，宋高宗下達了收復襄陽的聖旨，岳飛從鄂州北上襄陽，在五月首先圍攻郢州（今鍾祥）。

戰鬥一打響，岳飛親自率眾登上城頭，佔領合城。此役旗開得勝，殲敵七千餘人，然後兵分兩路攻取隨州。岳飛部將牛皋以精兵出擊，活捉偽齊知州王嵩。岳飛兒子岳雲手持雙錘登城，獲得勇冠三軍的殊榮。接著，岳家軍與偽齊軍在襄陽郊外決戰，擊敗偽齊十萬大軍，偽齊大將李成出逃，襄陽得以收復。七月二十三日，岳家軍收復唐州。八月，攻克信陽。不到三個月就收復襄陽等六郡，取得了南宋王朝建立以來第一次大反攻的勝利。

之後，岳家軍時而從鄂州調至江淮去抗擊金國大將兀術和偽齊的南侵；時而調至湖南去剿平楊麼的起義軍。西元一一三五年秋，岳家軍從湖南返鄂州，一直圖謀北伐。不湊巧的是，西元一一三六年三月，岳飛的母親病死在鄂州。以孝子著稱的岳飛扶靈柩至廬山，奏請解甲守孝。但金兵和偽齊軍三十萬人大舉南侵，宋高宗堅持要岳飛速回鄂州軍營，岳飛在悲傷中「移孝作忠」，返回鄂州大本營。西元一一三六年七月岳飛再次北伐，統軍到達襄陽，打擊附近的偽齊軍。岳家軍長驅直入偽齊統治區，與南宋統治中心相距千里，後方糧餉供應不及時，到年底已成無援孤軍。在這種情況下，岳飛只得統軍返回大本營。

南宋政權當時不給岳飛足夠的糧餉，也是意在牽制岳家軍。宋高宗在執政中一直追求南宋小朝廷偏安一隅，畏敵避戰，因此對岳飛的北進主張從未真正同意過。岳飛是一位赤血忠膽的愛國之士，縈繞在心頭的是收復舊山河，徹底打敗金兵偉大願望。

其實，岳飛「收拾舊山河」的報國之心並不被宋高宗所看中，宋高宗反而起用賣國投降的秦檜為宰相。面對金人的進攻，高宗始終不願放棄投降求和。儘管高宗曾命岳飛、韓世忠等率軍先後擊敗了金和偽齊的南侵，但高宗並不想利用這絕好時機進行北伐，宋軍的戰果只是為他與金朝議和提供了討價還價的籌碼，並沒有北伐恢復中原的打算。

西元一一三八年，高宗與金朝的媾和活動正緊鑼密鼓地進行，文武百官的反對之聲日益高漲，只有秦檜極力支持高宗議和。十一月，金朝「詔諭江南使」張通古與宋使王倫南來。金使的稱號中將宋國稱為「江南」，敵對兩國互通資訊，應稱「國信」，金朝卻稱「詔諭」，顯而易見，這是金人故意羞辱南宋。金人接下來的要求更令南宋臣民難以接受，金使居然要高宗跪拜受詔，奉表稱臣。

為了苟安偷生，高宗對此並不介意，他冠冕堂皇地表示：「只要百姓能免於刀兵之苦，朕可以犧牲自己的體面來換取和議。」然而，天子有此美意，臣民們卻不願領情，朝廷內外群情激憤，抗議運動達到了前所未有的聲勢和規模，臨安市民甚至在街上貼出醒目的榜文：「秦相公（秦檜）是細作（奸細）！」矛頭雖然指向秦檜，實際上表達出對高宗的強烈不滿。儘管高宗惱羞成怒，將反對激烈的大臣一一貶謫，但面對輿論的強大壓力，他也不能不有所顧忌。十二月，高宗以為徽宗守孝為藉口，由秦檜等宰執大臣代他向金使行跪拜禮，接受了金朝的國書。

高宗以為和議之事已成，從此就可以安享太平便大赦天下，給文武大臣加官晉爵。岳飛在接到升官詔書後，當即上書表示拒絕，提醒高宗不可相信金人，並重申自己率師北伐的宏圖大願。高宗和秦檜此時對岳飛切齒痛恨，除掉岳飛的陰謀已經在醞釀之中了。

其實在此之前，岳飛已經在兩件大事上冒犯了高宗。這位抗金大將個性耿直，在戰場上有勇有謀，而在政治上卻顯得缺少心計，太不善於保護自己。

在西元一一三七年三月時，宋朝廷解除了「中興四將」之一的劉光世的兵權，高宗本來答應將劉光世率領的淮西軍隊撥給岳飛指揮，岳飛信以為真，以為這樣一來自己兵力大增，興奮之餘立即提出要帶兵十萬出師北伐，這正犯了高宗的大忌。高宗臨時變卦，拒絕將淮西軍隊交給岳飛。對高宗的出爾反爾，岳飛十分憤慨，一怒之下，他竟然離開本軍駐地鄂州，以為母守孝為名上了廬山。在高宗看來，這種行為分明是要脅君主，但當時金兵的威脅尚在，解除岳飛兵權的時機並不成熟，因此高宗不得不再三下詔，對岳飛好言撫慰，敦促其下山。六月，岳飛返朝向高宗請罪，高宗表示對其寬恕的同時，引用太祖「犯吾法者，惟有劍耳」的話以示警告，言語之中已經暗藏殺機。

第二件事發生在同年八月。返朝不久的岳飛好心建議高宗早立太子，高宗的獨子在八年前夭亡，他又在揚州潰退時受了驚嚇，失去了生育能力，但高宗時年才三十歲，內心仍抱有生育的希望，此時立太子，在他看來無疑是向天下暴露其難言之隱。宋朝的祖宗家法也規定武將不得干預朝政，所以，岳飛的建議一下又觸犯了兩大忌諱，更加深了高宗對他的忌恨。這兩件事以及在抗金問題上毫不妥協的立場，為岳飛日後的命運埋下了禍根。

西元一一四一年，秦檜受命代表宋高宗接受金朝勸降，承認金、宋間為君臣關係，宋為金之藩屬，並舉行了受降儀式，正式簽訂了「紹興和議」。宋高宗和秦檜的投降行為遭到岳飛的堅決反對，為抵制議和，岳飛曾早在去年從鄂州出發，進入京西路，攻克穎昌（許昌）、陳州（淮陽）、鄭州、洛陽、郾城、臨穎，兵鋒所指，捷報頻傳。岳飛在郾城時上奏高宗，要求諸路軍隊火速並進、以直搗黃龍府。但高宗和秦檜卻連連發出金牌，要岳飛班師後撤。

岳飛只好撤軍回到鄂州，自己則帶兩千精兵前往杭州向高宗稟報情況。岳飛的戰功、抱負、操守、作風都是堪稱名將風範的，但是宋高宗和秦檜卻不能相容，首先是迫使岳飛班師後退，然後是解除兵權軍職，接著是投入監獄，嚴刑拷打，最後在西元一一四二年，以莫須有的罪名將岳飛殺害了。一代抗金名將最終沒有犧牲在戰場上，而是死於自己所保衛的朝廷之手，不禁令後世之人對他更生無盡的痛惜和由衷的崇敬之情。

岳飛確實是一個英雄，但卻是一個悲劇英雄—因為他的皇帝姓趙。像岳飛這樣的人，自二十歲從軍到三十九歲被害，一生戎馬倥傯，戰鬥在抗金的最前線，時時不忘以恢復中原為己任，對國有功，卻為君王所不容。這是因為國家的利益，有時和國君的利益並不是一致的。

由此也告誡了人們，在處事的時候，不能無視博弈場中的潛規則，否則就會成為競技場上的犧牲品。

箴言：「隨事制法，因事制宜，自我而作，何必師古。」——《舊唐書》

多疑君王與忠臣良將的對弈
——自毀長城的崇禎皇帝

君臣間的博弈，永遠是一場實力不均衡的對壘。做臣子的永遠是處於被動的狀態，如果絲毫不懂的想辦法保護自己，最終將受到慘痛的失敗，乃至付出生命的代價。崇禎皇帝與袁崇煥可謂是亡國之君與忠臣之將，不論從哪個角度來評價袁崇煥都可稱得上是明朝的忠臣、民族英雄，但他最終還是被崇禎皇帝給殺害了。

西元一六二八年，明天啟帝駕崩，十七歲的崇禎繼承了哥哥的皇位。繼位之初，這個少年「英主」之作便是用雷霆手段消滅了魏忠賢集團。隨後，崇禎皇帝重新啟用賦閒在家的袁崇煥，拜兵部尚書，督師薊遼，賜尚方劍。兵部尚書是最高軍事行政官，督師是最高軍事指揮官，袁崇煥身而兼之，達到了其軍旅生涯的頂點。

是年八月，袁崇煥到達遼東，他用獨特的構思開始謀劃他的平遼計畫。七個月裏，他集中了遼東四鎮的指揮權。同時日夜操練軍馬，製造火炮，積存糧秣，徵集戰馬，修繕錦州、大淩河、右屯、寧遠諸城，完成了遼東四百里的防禦。袁崇煥的平遼方略是「先主守而後動」，但在袁崇煥的轄區，毛文龍居功自傲，不服節制。

毛文龍是明朝正式任命的東江總兵，東江就是鴨綠江近海口的皮島，和鴨綠江的獐子島、鹿島構成鼎足之勢，地理位置位於遼東、朝鮮、山東登萊二州的中間，號稱孔道。

早在天啟三年（西元一六二三年），毛文龍率部攻陷了遼東要地金州。不但打通了水路到登州的糧道，還可和皮島互為犄角之勢，從陸路牽制後金的部隊。他也由此功升任左都督掛將軍印，並擁有了一把尚方寶劍，進一步擴大了在東江的權力；成為了當時遼東牽制後金的一支重要力量。

毛文龍做為封疆大吏，手握重兵又孤懸海外，飛揚跋扈是難免的，但無論熹宗還是思宗，都對毛文龍十分倚重，並沒有過多的責難。這種狀況，一直持續到袁崇煥的再度啟用。

對毛總兵的種種劣跡袁崇煥早有耳聞，這個毛文龍攀附朝中權貴、營私結黨，屢屢不聽調遣。不僅如此，毛文龍治軍不嚴、公然在軍營中蓄養倡優，整個部隊軍紀渙散，戰鬥力極弱。更讓袁崇煥不能容忍的是，一向虛報部隊員額、冒領巨額軍餉的毛文龍居然多次以軍餉不足來要脅。袁崇煥面對朝廷命官雖然憤慨，但只能勸戒毛文龍能夠急流勇退，告老還鄉卻遭到了拒絕。此時，袁崇煥殺毛之心漸起。

不久後，袁崇煥以邀請毛文龍到幄山看將士射箭為名，在自己的營帳中，當著毛文龍的諸多親信，袁崇煥以十二大罪名，用尚方寶劍取了毛文龍的首級，並且收回了毛文龍的將軍印和尚方寶劍，同時也吞併了毛文龍的部隊。當時毛文龍手下有數萬精兵在場，忌憚袁崇煥的威風，竟然沒有一個人敢輕舉妄動。

直到崇禎二年五月（西元一六二九年），袁崇煥才上書崇禎皇帝，報告了殺毛文龍一事。崇禎皇帝聽到後，「意殊駭」很是吃驚；他沒有想到袁崇煥自作主張到了這樣的地步，因為毛文龍不但是沙場老將，也是手持尚方寶劍的一方統帥。但因為毛文龍已死，國家必須有良將，崇禎皇帝還要依靠袁崇煥，只好「優旨褒答」。不久後，又「傳諭暴文龍罪，以安崇煥心」。顯然崇禎皇帝的本意並不想這樣做，只不過為了籠絡袁崇煥不得已而如此。從這時開始，崇禎皇帝已經開始警戒，對袁崇煥又愛又恨。

同年十月二十日，皇太極親率十萬八旗大軍，避開袁崇煥堅守的寧錦防線，繞道漠南蒙古，從龍井關（河北遵化北）、大安等處分幾路毀長城而入，揭開了遠襲大明京師的帷幕。席捲而來的後金軍勢如破竹，連戰連捷，直指明王朝都城北京。

後金大兵突然而至，崇禎皇帝嚇得龍顏失色，一連幾道聖旨催袁崇煥勤王救駕。袁崇煥遂即帶上部將祖大壽，急點九千鐵騎晝夜兼程，入山海關應援。十一月十六日，袁崇煥率五千騎兵和後金軍前哨幾乎同時抵達北京城外。十一月二十日，袁崇煥率部與蜂擁而至的十萬後金軍激戰於京郊廣渠門外。

在此遭遇袁崇煥，皇太極大喜過望。皇太極親自督戰，下令不惜一切代價擊斃袁崇煥。這場戰鬥極為慘烈，但任憑後金軍騎兵如何左衝右突，前仆後繼，明軍陣形始終不亂。戰鬥持續到黃昏，畢竟明軍兵力單薄，戰場形勢十分危急。皇太極看得目瞪口呆，他無論如何也不敢相信十萬鐵騎居然奈何不了袁崇煥區區五千兵馬。皇太極下令繼續攻擊，眼看袁崇煥不能支撐，祖大壽率四千生力軍趕到戰場。激戰竟日，後金軍亦傷亡慘重。本來後金軍兵士對袁崇煥十分畏懼，剛才只是被暴戾的殺伐之氣所掩蓋，此時又遭祖大壽率部突擊，後金軍開始動搖。皇太極一時也無法判斷明軍來了多少援軍，他不敢戀戰率部撤至南海子紮營。袁崇煥兵力不足，亦不敢追擊。

就在皇太極一籌莫展之際，主動投奔後金的大明儒士范文程為其出了一個主意：借刀殺人！這個范文程也並非一介腐儒，此人對大明王朝的腐敗細察入微，對崇禎皇帝多疑性格瞭解得極為深刻。於是，皇太極一面故意放縱士兵劫掠百姓，一面與范文程密謀於帷幄之內。

後金大軍威逼北京，自比唐宗宋祖的崇禎皇帝首先陷於驚慌之中，啟用老臣孫承宗為兵部尚書，主持京城防務。而就在同一天晚些時候，袁崇煥帶兵趕到北京城下，崇禎皇帝心才定了一些，他親自召見袁崇煥慰勞了一番。可是心神不定的崇禎皇帝又覺得手握重兵的袁崇煥比孫承宗更可靠，於是在委任孫承宗總攬軍事的第二天，又命袁崇煥指揮各路援軍。崇禎皇帝臨陣換將，朝令夕改，讓袁崇煥、孫承宗等人無所適從。崇禎皇帝既然委任了袁崇煥，又不信任袁崇煥，他只是一味的催促袁出戰、出戰、再出戰。而此時，一些魏忠賢的餘黨卻散佈謠言，說後金兵之所以能突入內地，是因為袁崇煥暗中引導所致；袁崇煥希望等到各路援軍到齊後，再做反擊的主張被認為是居心叵測，挾君求和。

崇禎皇帝猜疑心極重，聽了這些謠言也有些懷疑起來。當袁崇煥要求朝廷打開城門，讓連日鏖戰、疲憊不堪部隊輪流進城休整時，崇禎皇帝竟然不同意，袁崇煥只好令部隊在城外東南隅所宿營。而從趕來增援的大同總兵滿桂統領的部隊，卻獲准同意進城休息。一張大網正悄悄張開，袁崇煥正一門心思抗敵，對於蹊蹺之事卻未去用心琢磨。

正在這個時候，有兩個被後金兵俘虜去的太監從敵營逃了回來，向崇禎皇帝密告，說袁崇煥和皇太極已經訂下密約要出賣北京。其實，這是皇太極與范文程的詭計，讓後金兵故意透露給這兩個被俘的太監，又很大意的讓這兩個太監跑掉了，這是一個明朝版的「蔣幹盜書」。得知這一絕密情報，猶如晴天霹靂，崇禎皇帝大為震驚，遂將袁崇煥的對後金主和的態度聯繫起來，對袁崇煥變節投敵之事不再懷疑。

其時袁崇煥因為急於救援，帶來的兵力較少，他並不出兵與敵軍交戰，只派小股隊伍出去，與敵軍鏖戰，互有殺傷。按照他的策略，他預備等到各地大軍到來，再以優勢兵力對敵軍進行徹底的反擊。皇太極孤軍深入，已經犯了兵法大忌；按照袁崇煥的想法，完全有可能將後金的軍隊包圍，並一次性地擊潰。

皇太極也是用兵高手，他自然猜到了袁崇煥遲遲不肯出戰的用意。為了逼迫袁軍早日與其決戰，皇太極派人在北京郊外大舉燒殺。

北京城中的許多官僚們都有大批產業如莊園田產在城外，因為關係著自己的身家財產，於是這些人聯合起來跑到崇禎皇帝面前，說袁崇煥不肯出戰是別有用心。北京城中也開始流言蜚起，許多人說清兵是袁崇煥引來的，目的在「脅和」，使皇帝不得不接受他一向所主張的和議。甚至有人站在城頭向城下的袁軍拋擲石頭，罵他們是「漢奸兵」。

崇禎皇帝看到袁崇煥遲遲不肯決戰清兵，又聽到北京城的謠言四起，不禁更加憂慮重重。皇太極恰到好處地用了一招離間計，崇禎皇帝終於將袁崇煥下獄。十二月一日，崇禎皇帝命袁崇煥前往紫禁城，說是「議餉」，袁崇煥一到立刻被囚禁。

得到袁崇煥下獄的消息，皇太極大喜，立即自良鄉回軍至盧溝橋，擊破明副總兵申甫的軍營，迫近北京永定門。崇禎皇帝催促大將滿桂出戰，滿桂出兵後全軍覆沒，此時離袁崇煥下獄不過半個月。

袁崇煥手下的另一員猛將祖大壽本來率軍營救京城，看到袁崇煥下獄，掉頭衝出山海關北去。崇禎皇帝將祖大壽叛出山海關的消息告訴了獄中的袁崇煥，讓他寫了一封書信給祖大壽，勸祖大壽回頭。祖大壽這才重新回兵，意圖打勝戰立功以救出袁崇煥。祖大壽和清兵接戰，收復了永平、遵化一帶，同時切斷了清兵後路。皇太極於崇禎三年（西元一六三〇年）率大軍退還盛京。

儘管皇太極對北京和王朝的直接威脅已經過去，但朝廷嚇壞了，特別是崇禎皇帝。出現這樣的狀況，總得有人來負責吧？於是皇帝選擇了袁崇煥。崇禎三年八月十六日，四十六歲的袁崇煥被凌遲。

袁崇煥被殺，固然是他本人的悲劇，但崇禎皇帝殺袁崇煥則是大明王朝更大的悲劇。當皇太極知道崇禎皇帝殺了袁崇煥時，已經知道明朝的氣數盡了。西元一六三六年，皇太極稱帝，改國號為清，明確地表示要推翻明王朝。袁崇煥被凌遲十五年後，崇禎皇帝也一命歸西了，大明帝國蕩然無存。

有人認為袁崇煥是因為與崇禎皇帝的性格不和，而在這場君臣的博弈中輸掉了，但他一心為本族，一心為大明的精神卻無人可以否認。可惜，袁崇煥沒有像許多軍人一樣戰死沙場，他是死在自己拚死效忠的皇帝之手。他的悲哀不在於他的死，而在於為自己的民族流盡了鮮血，居然被當作這個民族的叛徒。當袁崇煥被押上刑場的時候，他長嘆不已，兩年前他出關督師前，就曾對皇帝有此顧慮，現在不幸都成了事實。袁崇煥是死了，可是歷史還在延伸，博弈還在繼續。

箴言：「知人所嫌，遠者無危；識人所疑，避者無害。」──古訓

第六章

為了更多的利益

在數千年歷史博弈中，謀求利益的博弈者，無時無刻的、或明或暗的透過其他方式來試圖謀求他們的最多利益。經常會透過施展各種手段來達到他們獲取利益的目的。他們根據不同的階段、不同的背景、不同的角色，在每一個步驟與細節上精心籌畫並實施。甚至在必要的時候，也只好要冒點風險了。

生意規則在權利中的應用
——呂不韋的奇貨可居

人們常以戰場比作官場，那不過是著意於它的殘酷鬥爭性。其實，官場博弈除鬥爭性外，還有其生意性。事實上，官場博弈的雙方你來我往，刀光劍影，其目的也不過是為了獲利，而一開始就從獲利的眼光出發，徑直把官場當作戰場來對待，實在是非具有特異眼光的傑出之人不能看得出、做得到的。呂不韋就是這樣的人，並且是這一思路的首創者。他把做生意的規則運用到扶持一個帝王獨攬天下的大權上，最終也成就了自己的一番事業。

被稱之為千古奇人的呂不韋，雖算不上蓋世英雄，但也算亂世奇人。他出身於戰國末期，作為一名商人，他以五百金起家，擁立國君，封文信侯，位至丞相，以己之子封帝竊國，堪稱中華五千年來最大的贏家。呂不韋在沒有成為商賈之前，與別的孩童並無兩樣，懷揣著：學而優則仕的夢想，師從滿腹經綸的伯夏。在沒有科舉考試一顯其鋒芒的戰亂紛爭時代，十年寒窗苦讀只為他換得了一個寄人籬下的食客生涯。他只好就這樣被逼無奈地在大夫衛橫（國君的親戚）的麾下求得一個門客的職位，等待時來運轉，以求有機會顯露自己的文韜武略，然後再一步步的封侯拜相。然而幸運之神並不因為他的夢想美好而降臨到他的頭上。一連串的倒楣事讓他撞個正著：先是被主人趕出了家門，連一名食客都沒得做只得充當富商鄰家綢緞店的一名幫工。後見一女奴，甚愛，只因囊中羞澀而無力為其贖身，痛失良緣。這一切使呂不韋陷入了痛不欲生的悲慘絕境。在痛定思痛之後，他終於做出一個在當時會令人驚訝的決定：走一條先聚斂財富，然後再加官進爵的與眾不同的道路。

呂不韋這種絕地逢生，獨辟溪徑的奇特思維，說起來非常奇怪。但只要回想當時的社會環境，就會覺得呂不韋能有這樣的奇思異想實屬罕見。要知道在自稱文明程度很高的古代，商人的社會地位一直處於士、農、工、商這個封建固定等級模式的最底層。他們雖富貴有餘，但政治影響和社會聲望遠不如那些士大夫文人，甚至還不如別人門下的一名食客，備受社會各階層的鄙視。聖人孔子的：「君子喻于義，小人喻于利，君子憂道不憂貧。」「無商不奸」等等，已經成了人們評價商賈的唯一標準。呂不韋能夠在那樣的條件下大膽地說出：「倉廩實而知禮節。」實屬奇人異人。就是到了現代，也很少有人能夠做出這樣的反潮流的決定。呂不韋這種逆向思維，使他鶴立雞群。如果呂不韋沒有這種逆向思維的決定，他至死也許還是一名普通的老百姓或無人問津的食客而已。但呂不韋畢竟是個奇才，他的決定既改變了他自己的命運也改變了中國的命運。他輔佐秦始皇結束了戰國時代，開啟了中國的統一大業。

呂不韋原為大商人，在趙國邯鄲經商時，結識了在趙國做人質的秦公子異人（後改名子楚），認為得到此人是「奇貨可居」，這樣就開始了他的政治投機生涯。

子楚就是秦昭王的孫子，即太子安國君（秦始皇的爺爺）的兒子。子楚的母親夏姬不被安國君寵愛，子楚又在安國君二十多個兒子中排在中間，不是長子所以地位很低，挑選人質時便選中了他。子楚在趙國很不得意，但呂不韋卻改變了他的命運。

呂不韋當時已經是一個富有的商人，他很會投機，見到了子楚便覺得他像個貴重的商品一樣奇貨可居，將來可以藉他賺取功名利祿（這就是現在「奇貨可居」這個成語的由來）。呂不韋很熟悉秦國的內幕，知道安國君雖然最寵愛華陽夫人，但她卻沒有兒子，便打定主意要讓華陽夫人過繼子楚為子，那麼以後在太子安國君繼位後，子楚也就是太子了，自己肯定會利用特殊的政治資本賺來無數的錢財。

主意已定，呂不韋便付諸行動了。他拿出五百金送給子楚，讓他廣交朋友，又用五百金用來購買奇珍異寶，然後帶著去了秦國。他很精明沒有直接去見安國君和華陽夫人，而是採取了更穩妥更有效的迂迴策略：去找華陽夫人的姐姐。呂不韋施展口才，說子楚如何賢達，如何聰慧，廣交天下朋友，富有大志。雖然身處異鄉，但天天想念慈祥的安國君和賢慧的華陽夫人，還經常對他說「夫人就是子楚的上天」，有時到了深夜還思念的流淚。華陽夫人接受了呂不韋替子楚交給她的禮物，又聽說了子楚對她和安國君的態度，便對子楚有了好感。

呂不韋又勸說華陽夫人的姐姐去遊說華陽夫人，讓她儘早在眾公子中挑選一個好的做為自己的兒子，並立為儲君，那麼以後即使在秦昭王死後也能保住自己的地位，而子楚便是最合適的人選。呂不韋商人式的精明算計，正好是華陽夫人日夜耿耿於懷的心事，姐姐來了一提此事，正中下懷。於是，華陽夫人便利用安國君的寵愛，說服他立子楚為繼承人。

事情辦成了，子楚的處境和地位都發生了很大的變化：安國君和華陽夫人給了子楚足夠的錢財，還讓呂不韋做他的師長，扶助子楚。從此，呂不韋便長住在了邯鄲，和子楚一起廣交天下賓客，等待回國做太子、準備以後繼承王位的那一天早點到來。

為了更好的籠絡子楚，呂不韋還給子楚送去一個擅長歌舞的美女，因為是在趙國的都城，所以歷史上稱她為趙姬。後來，趙姬給子楚生下一子，這就是後來的秦始皇。開始他姓趙，因為出生在趙國，又因是生在正月，所以名字叫正，後來就改為政；等回到了秦國，才改成了國姓嬴。

嬴政剛出生的那年，秦國和趙國便由盟友變成了敵人。第二年，趙國在秦國圍攻時想殺死子楚，結果子楚在呂不韋的幫助下，重金賄賂了守城門的官員，逃出了邯鄲城。嬴政和母親在外祖母家的掩護下，逃過了殺身之禍。

六年後，秦昭王死，安國君繼位，這就是秦孝文王，華陽夫人立為王后，太子就是子楚。此時，秦國和趙國的關係也恢復到以前的友好狀態，嬴政和母親得以回到秦國。安國君在位時間很短，先是為父親服喪一年，正式繼位後僅僅三天便死了。子楚繼位，就是秦莊襄王。剛繼位，便讓呂不韋做了相國，還封為文信侯。但子楚在位時間也不長，僅三年便死去了。西元前二四七年，剛十三歲的嬴政便登上了秦王的寶座，因為年幼，政事便落入了呂不韋和趙太后之手。

嬴政做了秦王之後，呂不韋的權勢更大了。而且取得了「仲父」的稱號，他食封大邑萬戶，還擁有上萬名家僮，財富巨萬。同時，為了擴大自己的影響，他又召集很多的門客，讓他們搜集史料，最後輯成了《呂氏春秋》。

趙太后在先前被呂不韋送給子楚之前和呂不韋就有瓜葛（據傳嬴政就是呂不韋的兒

子），現在雖然地位尊貴，但子楚已經死去，守寡時間一長便和呂不韋又重新走到了一起。此時，嬴政已經長大，呂不韋也害怕他和太后私通的事被發覺，引來殺身之禍，於是便給趙太后找了個替身，這就是嫪毒，讓他冒充宦官進宮，在淨身時趙太后買通了執行的人，讓這個假宦官進去供趙太后享樂。

這樣在嬴政的身邊有了兩個對他政權構成威脅的人，一個是呂不韋，一個就是嫪毒。在秦王八年，即西元前二三九年，嬴政滿二十一歲，依照秦國的舊制，第二年要舉行加冠禮，然後就可以親政了。而嫪毒想乘機叛亂殺掉嬴政，結果被早有防備的嬴政平息，自己被捉最後處以車裂酷刑，株連三族。

除掉嫪毒的第二年，嬴政免掉了呂不韋的相國，趕出咸陽，讓他到自己的封地洛陽。兩年後，嬴政為了避免呂不韋和其他國家串通做亂，派人給呂不韋送去絕命書，信中對呂不韋大加斥責：「你對秦國有什麼功勞，卻能封土洛陽，食邑十萬？你和秦國又有什麼親緣，卻得到仲父的稱號？你快給我滾到西蜀去吧！」呂不韋知道自己去也是最後難免一死，乾脆服毒自殺了。

縱觀呂不韋一生的潮起潮落，幾分驚奇！幾分悲哀！

呂不韋是中國歷史上的一個奇人，他的謀略和口才都是中國歷史人物中第一流的。就謀略而言，呂不韋不僅謀得深、算得遠，而且謀得全、算得廣。當他看到公子異人時就覺得奇貨可居，是一個能夠贏得整個未來的最佳投資時機，於是他說服異人聽他指揮。為了使異人這個奇貨化為巨大的利潤，呂不韋做出了艱苦的努力。他算計到華陽夫人及其弟弟的潛在的、迫切的需要，使華陽夫人能夠為了自己的利益而為異人奔走，使秦國開始向趙國要人。他遊說趙王，以長遠的利益說動趙王送歸異人。在異人被接回後，為更上一層樓，他在異人身上又下很大的工夫，使秦王最終立異人為太子。呂不韋在兩國間穿針引線、巧妙安排、運籌得當、步步迭進，他真是一個一流的謀略家與設計師。

他不但善於進行謀劃，又是善於實施和完成整個策劃的實施者。在實施過程中呂不韋依靠三寸不爛之舌，每次他都正中遊說人物的下懷，都能夠使對方欣然接受。這是因為他能夠深刻地洞察到對方的需求，能夠預期到事情的未來變化，以替對方著想的角度來使對方輕易就範。說服對方，首先必須要有一個將自己置換成對方的過程。掌控對方的需求，才能投其所好、對症下藥、以為我用，從而就促成了自己的榮華富貴。

中國歷史中的特殊社會形態，導致投機政治比直接從事經濟活動能更好更快地聚斂財富。呂不韋正是看透了這一點，才將異人視作「奇貨」認為「可居」，使他從原來的商業競技場轉型到官場的博弈中來。也正是呂不韋敢於冒險而又善於投機的個性，使他由一個與政治毫無關係，與政治毫無親緣的商人一變而成為秦國政治統治的相國。正如他所想的那樣：「若能立國定君，把一個國家的君主買到手，不僅一生吃穿不愁，而且榮華富貴可澤及後世。」這就是他認為能獲取最大利益的生意。

呂不韋在這次政治投機中，他的確成功做成了一筆又一筆的大買賣。但商人與生俱來的投機心理在他的一生中揮之不去，這種僥倖投機心理在成就他的同時也在加速毀滅他。屢嘗投機甜頭的呂不韋，在其政治生涯後期不僅沒有收斂，反而更加放肆起來。呂不韋的這種聰明反被聰明誤的做法，在很大程度上是其投機心理在作祟。世間沒有不透風的牆，紙是包不住火的，等到東窗事發之後，他的政治生命也就很快的結束了，真可謂：成也投機，敗也投機。

箴言：「持而盈之，不如其已；揣而銳之，不可長保。」—老子

為謀長利而改詔書——秦宮政變中的趙高

博弈是一種策略的相互依存狀況：你的選擇——即策略將會得到什麼結果，取決於另一個或者另一群有目的的行動者的選擇。處於一個博弈中的決策者稱為參與者，而他們的選擇稱為行動。一個博弈當中的參與者的利益可能嚴格對立，一人所得永遠等於另一人所失。在實踐當中，博弈可能包含一些相繼行動過程，也可能包含一些同步行動過程，因此須將技巧綜合起來，靈活運用，思考和決定自己最佳行動應該是什麼。

對於想謀求長久利益或者想穩固地位的人來說，在為了長遠的利益而進行籌畫時，就要根據在不同的階段使用不同的策略，而且要考慮每個階段所面臨的境遇都是不盡相同的。如果要完成一件大事，對這件事情的每個步驟、每個細節，都需做出相應的安排；如果是為了自己在不同方面的利益考慮，也要在不同的方面運用不同的解決方法，這就是一個複雜的博弈過程。在這方面，秦朝的大奸臣趙高的造詣可以說是登峰造極。

秦始皇一生雷厲風行、令行禁止，也經常使用鐵腕的手段推行自己的政令，因此往往有暴政發生。而秦始皇制定的繼承人扶蘇是一個寬厚仁愛的人，全國上下都覺得秦始皇的殘暴政治如果到了扶蘇繼位之後會有所改變。事實上，秦始皇本人也是這麼計畫的。他想等到自己建立起了全國的統治秩序，清除六國的殘餘勢力，再讓長子扶蘇繼承自己的帝位，推行仁政，使國家走上平穩發展的軌道。

但是，深得秦始皇寵愛的大臣趙高本人就是一個殘暴而又嗜殺的人，知道扶蘇一向看不慣自己在秦始皇面前搬弄是非的表現。趙高知道扶蘇不喜歡自己，就怕扶蘇繼位之後將自己免官或者殺頭。

不過趙高畢竟是一個成熟的政客，他知道在這樣的情況下，只要扶蘇繼位就是自己的末日，所以他想方設法阻撓扶蘇成為秦始皇的繼承人。在這個時候，趙高就處於一個生與死的選擇之中。

在秦始皇統治晚期，趙高拚命在秦始皇面前說天下應該用強權來統治，這正符合秦始皇的心意，使秦始皇認為對所有的事情都要採取高壓政策。這自然引起了扶蘇的不滿，他向秦始皇進諫，說天下百姓已經到了生與死的邊緣，不應該再用高壓政策對付他們。秦始皇自然聽不進扶蘇的話，但是為了保護和磨練扶蘇，就派扶蘇到北部邊境和著名的大將蒙恬一起鎮守邊關。

趙高透過進讒和混淆視聽的手法，達到了自己的第一步計畫：讓扶蘇和秦始皇分離。在那個時代，消息傳達不是很便利，所以扶蘇一旦到了邊關，朝中的事情就要若干天才能到達那裡，那樣趙高在繼位的問題上做手腳便有了可乘之機。

接下來，趙高在秦始皇的其他兒子中物色自己要扶持的人選。不久他就找到了合適的目標：秦始皇的少子胡亥。胡亥本人和趙高的關係還算好，而且身為秦始皇的小兒子，胡亥很受秦始皇的寵愛。雖然秦始皇沒有打算把江山交給胡亥，但是父子之間的親情還是非常深厚的。趙高打算利用這一點，完成自己的下一步計畫。等到秦始皇病重的時候，他極力為胡亥製造機會，讓胡亥不離秦始皇的左右，連出遊也要胡亥跟隨。

秦始皇最後死在出遊的途中，當時隨他一起出行的，除了胡亥和趙高，還有丞相李斯。李斯跟隨秦始皇多年，從廷尉做到丞相，受秦始皇的栽培多年，對秦始皇也是忠心耿耿。而且，身為丞相，他是秦始皇之外最有權力和地位的人，他的話一言九鼎，可以和秦始皇的聖旨相比。

秦始皇臨死之前就已經寫好遺詔，命長子扶蘇回首都咸陽繼承皇位。遺詔寫好之後便密封起來由李斯保管。所以趙高要篡改遺詔再發布假的命令，必須要透過李斯。

趙高便邀請李斯一起商議大事，他對李斯軟硬兼施，陳說利害。趙高的意思是，現在秦始皇的遺詔只有我們幾個人知道，而且遺詔上寫著立扶蘇為新皇帝，扶蘇是個寬厚的人，所以他肯定會更改秦始皇的法令，其中包括李斯幫助秦始皇制定的嚴刑酷法。這樣一來，因為新皇帝的愛好與秦始皇不同，也許李斯就會失去原有的權力和地位。

接著，趙高使出了殺手鐧，他開始離間李斯和還未繼位的扶蘇之間的感情。他對李斯說：「扶蘇平素和蒙恬大將軍的關係最好，而且蒙恬多年來為大秦立下無數的戰功，蒙恬的家族也是秦朝顯赫的大家族，擁有極大的政治勢力，所以蒙恬將成為新的宰相將是不可更改的事實。而您和扶蘇之間沒有任何的感情，也沒有恩情，所以他繼位之後，您被冷落將是遲早的事情了。何況，您本來不是秦國人，您知道我們秦國有一個規矩，就是外來的臣子最多只能得到一個皇帝的恩寵，等到新皇帝繼位，秦國的舊勢力就會想辦法把外來的大臣害死。商鞅、張儀，不都是活生生的例子嗎？請您好好想想吧！」

李斯聽了趙高的話，思量再三，覺得不無道理。這個時候，趙高本人處於一個扶蘇如果繼位自己就要面對死的困境，而李斯則處於一個扶蘇繼位之後自己將大權旁落的困境。他們的困境雖然不同，但是帶來困境的外因是相同的，那就是扶蘇繼位做皇帝。

李斯對自己的處境十分清楚，但是他一時也想不到對策，便問趙高應該怎麼辦。趙高想讓李斯跟著自己的思路走，這時見到李斯就範，便將自己的想法說出：「現在就有一個兩全其美的辦法。跟隨皇上一起出行的皇子胡亥，是一個仁愛謙遜的人，而且他胸懷大志，總想著為國家鞠躬盡瘁。這樣的人才，正好可以輔佐他做皇帝，而且他知道是您極力推舉他登上皇位，一定會感恩戴德，今後您真是富貴不可限量了。」

此時的趙高已經完全控制了局面，因為他知道李斯除了贊同自己的意見之外，已經沒有其他的選擇了。而讓李斯推舉胡亥做皇帝，則不用他趙高自己出面，這種自己為虎，李斯做倀的計策確實天衣無縫。

合作是李斯和趙高的嚴格優勢策略，所以他們一拍即合，李斯心甘情願地當了趙高的「倀」。

果然，李斯雖然覺得這麼做是背叛了秦始皇的遺命，但是為了自己的前途，也只能如此了。他和趙高取出了秦始皇的遺詔，私自篡改之後，將內容變成了傳位給胡亥。

這個計畫只有胡亥、李斯和趙高三個人知道，於是他們一面護送秦始皇的靈柩回咸陽，一面宣佈了秦始皇的遺詔，胡亥成了名正言順的皇帝，稱為「秦二世」。至此，趙高的計畫已經成功了一大半。

趙高接下來透過胡亥的聖旨，賜死了扶蘇和蒙恬，除掉了心腹之患，他自己完全扭轉了局勢，透過和李斯合作，兩個人都擺脫了困境，而李斯和胡亥都是在他的擺布之下行使他的意志的合作者，李斯和他合作阻止了扶蘇繼位，胡亥和他合作控制了朝廷。

趙高有了秦二世胡亥這個皇帝做自己控制的傀儡，已經不太在乎李斯了。而且，李斯只是為了完成讓胡亥做皇帝這個計畫的一個臨時跳板，現在胡亥大權在握，李斯成為合作者的利用價值也已經完成了，所以他對趙高來說，不再是一個舉足輕重的合作夥伴，而是一個登上最高權力地位的絆腳石了。失去了這個合作的利益基礎，趙高剷除李斯也是遲早的事情了。不久，趙高便找到機會，在胡亥面前進讒言，將李斯抄家滅門。

除掉了李斯，趙高真的無所顧忌了。秦二世胡亥又任命他為丞相，因為他是宦者，所以人稱「中丞相」，從此「事無大小取決於高」。趙高還想試探群臣是不是真心歸屬自己，又在秦宮中導演了歷史上著名的「指鹿為馬」的鬧劇。秦二世三年的一天，趙高命人把一頭鹿牽入宮中獻給胡亥，並且說：「我把這匹好馬獻給陛下。」胡亥一看，分明是一頭鹿，哪裡是什麼馬。便大聲笑道：「丞相弄錯了，怎麼把鹿當成馬呢？」趙高仍堅持說是馬。胡亥不信，就問左右的人。左右的人都不敢出聲，也有幾個人據實說是鹿，但更多的人都奉承趙高說是馬。胡亥聞言，大吃一驚，以為自己精神紊亂，竟分辨不出鹿和馬，於是就召來太卜，讓他為自己占一卦。太卜早已被趙高授意，便按照趙高的意思說：「陛下在春秋季節祭祀天地、尊奉宗廟鬼神時，未能嚴格遵守齋戒禁忌，所以神靈惑亂，以致今天鹿馬不分，現在您必須嚴格認真地去行齋戒之禮。」

胡亥聽信了太卜的話，便躲進上林苑中進行齋戒之禮去了。胡亥一走，趙高就把那些據實說鹿的人統統殺掉。從此宮中內外都畏懼趙高，沒有一個敢表示一點異議的人。秦王朝大廈將傾，趙高還在那裡玩弄權術，施展陰謀詭計，而自以為得計，實際上秦國只剩下秦二世胡亥與趙高這兩個獨夫民賊，再也無法照舊統治下去了。

在此之前各地義軍紛起時，趙高一直阻隔消息，後來義軍的聲勢越來越大，趙高雖百般遮掩，胡亥還是知道一些，屢次派使者責備趙高。趙高見胡亥已有不信任自己的跡象，便有了提早篡位的想法。此時，關東各地已紛紛舉兵，劉邦率數萬人殺入武關。趙高想將計就計，派人去和義軍講和，提出「滅秦宗室，分王關中」的要求。劉邦怕其中有詐，沒有答應。趙高擔心事情洩漏，便決定先行動手，發動政變。趙高派女婿閻樂和弟弟趙成，率領士兵殺進胡亥居住的望夷宮要殺胡亥。此時秦二世胡亥才明白趙高是個什麼樣的人，無奈竟和閻樂做起買賣來，先是要求讓自己做個郡王，然後又降到萬戶侯，最後連平民百姓的位子也得不到，只好自殺了事。胡亥死了，趙高非常高興，以為自己終於可以君臨天下了，沒想到百官大臣沒人肯聽從，他只好又把胡亥哥哥的侄子子嬰請了出來，讓子嬰做秦王。

子嬰是個聰明人，他與自己的兩個兒子及心腹密謀說：「趙高在望夷宮中殺死二世，他怕群臣殺他，才假仁假義的立我為王。我聽說趙高與楚軍有約，消滅秦室以後在關中稱王。現在等我齋戒以後入告祖廟時，乘機在廟中殺掉我。我只說有病不能去，他必定來催促我，那時就把他殺死。」果然，趙高派人請子嬰去祭祀祖廟，子嬰稱病不去，趙高親自來催，子嬰便讓手下把他殺死，隨後又把趙高三族滅掉。子嬰也只當了四十六天秦王，漢高祖劉邦攻破武關來到灞上，派人勸說子嬰投降。子嬰見大勢已去，便投降了劉邦，看似強大的秦王朝至此滅亡。

身為秦朝的傑出政治家，趙高無疑是得心應手的，也是空前絕後的。趙高跟隨秦始皇幾十年，不能不受其酷烈行為的影響。從微寒起步的趙高能進入統治階級的上層，必然有其超凡的一面。他處心積慮使自己各方面才智，達到比其主子及李斯等人傑更加青出於藍勝於藍的程度。一旦時機成熟，他內心長期積蓄的怨毒便會轉為堅定的意志瘋狂地進行報復，殺人如麻。而趙高之所以得逞，那些成為其墊腳石的人物的最後下場，不是很值得我們深思嗎？

大多數情況下貓玩老鼠，但偶爾也會有老鼠玩貓。趙高先是夥同胡亥及丞相李斯，逼死該繼位的王子扶蘇，後又把李斯玩弄於股掌之上，將他逼死，爾後乾脆殺了胡亥。子嬰為何又能殺掉他呢？一是明白自己的角色和未來不可測的命運，二是充分利用趙高輕視他的心理，三是知道趙高自命為恩人的心理，所以下起手來，趙高防不勝防。到死趙高也沒有想到，自己導演了一系列秦宮政變的高手，最終竟也死於一場預謀的屠殺之中。

箴言：「聰明反被聰明誤。」——《啟賢錄》

刀光劍影中的強勢集團——唐代的牛、李黨爭

在中國歷史的政治舞台上風雲多變，為了謀取利益的刀光劍影，環顧博弈的主角，全是那些極具力量的強勢集團。那些擁有強大勢力的集團之間，為爭取自身利益的最大化而吶喊廝殺。在競爭過程中，他們往往依賴某個政治機會的把握，具體而言就是在處理某個重大問題時所採取的態度。發生在唐朝的牛、李黨爭，就充分體現了兩個強勢雙方，在衝突中不失時機地互相打擊、排擠對方的關係。這種關係，最後導致的結果是：因一方敗亡而使這種關係結束；或者是雙方兩敗俱傷而使這種關係消失。但是，無論是哪一種結果，都會因為內耗與爭鬥，給他們原來共存的機構與系統帶來極大的損害。

發生在唐代的牛、李黨爭又稱之為牛、李朋黨之爭，牛黨是以牛僧孺、李宗閔為首的官僚集團，李黨是以李德裕為首的官僚集團。唐憲宗時，兩黨政爭開始，穆宗時朋黨正式形成，歷經敬宗朝、文宗朝、武宗朝、宣宗朝，兩黨此起彼伏，反覆較量，持續達半個世紀之久。兩黨鬥爭的形式是交替掌權，一黨掌權就積極排擠另一黨，雙方都將朋黨的利益

置於國家利益之上。

牛、李黨爭的源起是憲宗制策考試。應試的牛僧孺、李宗閔等指時政得失，反對以武力制裁藩鎮，因言詞激烈被考官評為上第，請予錄用。宰相李吉甫認為他們是針對自己，便向憲宗哭訴，憲宗無奈罷免了考官，牛僧儒、李宗閔等也打算予以重用。從此，牛僧孺與李吉甫結怨，為日後的牛、李兩派的博弈埋下了種子。事後朝廷內外有許多人上疏為牛僧孺等鳴不平，指責李吉甫忌賢抑才。

由於輿論壓力的原因，憲宗又於同年任命李吉甫為淮南節度使，初步形成兩派對立的形勢。元和年間兩派爭論的焦點是如何對待藩鎮割據。宰相李吉甫、武元衡、裴度等主張武力平叛藩鎮的騷亂；另一派宰相李絳、韋貫之、李逢吉主張安撫妥協。由於憲宗和一些當權宦官支持前者，因此元和年間主戰派得勢，反對派則利用輿論與之抗衡。李吉甫死於元和九年，其後主戰派的中心人物是裴度，反對派的中心人物是李逢吉。當時牛僧孺、李宗閔和李德裕都還在朝外為官，地位也不高，對朝內政爭影響不大。而在朝兩派的爭論還以政見為主，派系私利的性質不明顯，故元和年間只是黨爭的醞釀時期。

穆宗長慶元年，禮部侍郎錢徽主持進士科考試，右補闕楊汝士為考官。中書舍人李宗閔之婿蘇巢、楊汝士之弟殷士及宰相裴度之子裴譔等登第。前宰相段文昌向穆宗奏稱禮部貢舉不公，科舉中存在舞弊現象。穆宗詢問已是翰林學士的李德裕、元稹、李紳，他們也都說段文昌所揭發是實情。穆宗派人複試，結果原榜十四人中，僅三人勉強及第，錢徽、李宗閔、楊汝士都因此被貶官。於是，李宗閔大為懷恨，從此李德裕、李宗閔各分朋黨，更相傾軋，垂四十年。雙方各從派系私利出發，互相排斥，從而牛、李黨爭正式形成。牛黨主要成員有牛僧孺、李宗閔、李逢吉等。李黨主要成員有李德裕、元稹、李紳等。穆宗為對付藩鎮起用裴度，但李黨官員處處加以阻撓和破壞，致使河朔戰火不熄，從此朝廷再也無法收復河朔。不久，牛黨骨幹李逢吉得勢，他大報私仇，提拔同黨。西元八二三年，牛僧孺為宰相，李德裕被貶，並且八年不調任。敬宗繼位後，牛黨又掌權，李逢吉內結宦官外聯黨羽，導致敬宗在位兩年便下臺了。從此，牛、李之間的博弈的焦點由原來的政見交鋒，轉之為權力之爭。

唐文宗時，牛、李黨爭達到高潮。先是牛黨掌權，排擠李黨；後是李黨執政，排擠牛黨。後來牛、李兩黨同朝為相，又意氣用事互相攻擊。凡是牛黨認為對的，李黨必起而抨擊，李黨認為對的，牛黨必反對。每次議政，是非蜂起，弄得文宗不知所措又無可奈何。在一次朝議上，文宗提議把李宗閔從外地調回來，李黨一成員就表示李宗閔可移近京師，但如再重用李宗閔他就辭職；另一成員也表示不應憐惜這類以朋黨敵政的小人。牛黨成員憤起抗爭，指出任官不應憑愛憎，要靠公正。文宗見雙方爭執，就決定稍稍提升李宗閔，李黨仍然反對，接著雙方激烈爭吵，各不相讓。面對黨爭，文宗憂心忡忡又束手無策，感嘆：「去河北賊（河朔）非難，去朝廷朋黨實難！」

按理說牛、李雙方做為國家大臣，不應該以國家大事為兒戲，在重要的問題出現時理應以大局為重。其實不然，兩個朋黨往往是抓住重大的問題攻擊對方的政治主張禍國殃民，將國家與人民的利益拋到九霄雲外，而在蕭牆之內大動干戈。

武宗時期是李黨的鼎盛時期。李德裕掌權，牛僧孺被貶官。李德裕不斷給牛黨羅織罪名，在漢水猛漲、當地鬧災荒時，他把罪責推到牛僧孺頭上；又誣告李宗閔和節度使串通一氣，致使牛僧孺、李宗閔不到兩個月就貶官三次。大中元年(西元八四七年)，宣宗剛繼位就將李德裕罷免，完全清除李黨分子，牛黨勢力則與日俱升。牛黨得勢後，對李黨瘋狂報復，凡是李黨做的事，牛黨都反其道而行。如武宗在李德裕的建議下實行過毀佛運動，牛黨上臺後，就宣佈恢復被拆毀的佛教寺院，還俗的僧尼重新剃度入佛。李德裕一貶再貶，於西元八四八年死於貶所，從此李黨瓦解。而此時，牛黨的核心人物牛僧孺已於西元八四七年官復太子少師的同年死去。由於牛、李兩派的領袖人物相繼去世，彼此的餘黨都失去了中央政權的控制能力，朋黨之爭終於停息。

平心而論，牛黨利祿熏心，不得志時盡力鑽營，得志時又要排擠異己，在政治上難有建樹。李黨雖然具有事業心，對內對外都有政績表現，但為求得建功立業的機會，又不得不以擊敗牛黨為先決條件。所以兩黨都難免意氣之爭。牛黨假公濟私，李黨也以牙還牙。

李黨主張強化中央的權力，對內部的藩鎮和國外的外患都主張用武，以求實現重振大唐帝國權威的理想，並且還做出一些政績。如李黨首領李德裕曾經輔佐朝廷北破回紇，安定邊綞；又平定昭義鎮叛亂；抑制宦官權力，並裁減冗官、禁斷佛教。但他卻又不擇手段維護自己的同黨，陷害敵黨，可惜一代名相身陷朋黨中而「功成北闕，骨葬南溟」。而牛黨為實現他們把持政權能過上太平生活的追求，對內對外一概主張息兵和平。這種旨趣上的背離，加上他們之間的恩怨，使兩黨處於水火不相容的敵對狀態。

從兩黨開始結怨，前後歷經六朝近四十年。使官僚集團陷於嚴重的內耗之中，他們為爭奪自身的政治權力而喪失理智，不惜一切，乃至損害國家人民的利益。在國家一個又一個的危急關頭，雙方不但不能化解宿怨，齊心合力、共同盡忠朝廷，反而相互傾軋、忙於內耗，使得唐朝政權處於風雨飄搖之中，最終自己也在無休止的爭鬥中同歸於盡。

箴言：「以私勝公，衰國之政。」——呂不韋

借助矛盾割據一方——盛唐自盛而衰的安史之亂

在中國歷史上，封建社會的政治統治都是建立嚴格的秩序原則，凡事都用秩序原則做為衡量標準。遵循一種秩序原則，就是在一個穩定的環境之下，各方共同建立一種相互之間的利益均衡的博弈。如果有某個單方面改變了自己的地位，那麼整個平衡就要被打破，而貿然打破平衡的一方又無法絕對掌控局勢的時候，必定會受到其他各方的圍攻。力量失衡的博弈，勢必會出現各博弈主體間利益分配的不平衡，往往又是導致群體間的利益掠奪。

中國古代歷史發展到唐「開元盛世」到達頂峰，雖然此後的朝代累積了超越唐朝的財富和疆域，但中國封建社會的巔峰確實是唐朝為最。當時經濟上均田制為國家製造了佔主體的大量自耕農，科舉的繼續發展立足在人才全面發展的基礎上，並和均田一起限制了大家族使其朝向為國家有利的一面發展。大一統國家政治體制完全成熟，民族政策上真正做到了民族平等，文化經濟空前繁榮。而「安史之亂」的出現，使這一盛世急轉而下，中國封建社會開始走下坡路。

安史之亂是唐王朝從極盛而衰的轉捩點，長期的和平使內地軍備廢弛，面對於逐漸強大起來的藩鎮軍政結合體可以說是不堪一擊，國家與藩鎮的力量對比明顯處於劣勢。最終在西元七五五年至西元七六三年間，發生了一次地方割據勢力對中央集權的反叛，因叛亂是由安祿山和史思明發動的，所以歷史上稱這次叛亂為「安史之亂」。

唐朝初年，為鞏固中央集權，保衛邊疆，實行府兵制。府兵一般徵自「高貲多丁」之家，分給其土地，定期衛戍京師或守禦邊疆。在內地或邊境重鎮設置大都督，統兵駐守。後來，由於土地私有制的發展，農民失掉土地逃亡，兵源發生了問題；加上征戰頻繁，府兵不能按時輪換，長期服役，家中不能免去徵徭，因此大批逃亡。在這種情況下，唐朝統治者被迫改為「募兵制」，召募兵士宿衛，在邊將統率下從事屯墾；在邊境統兵的將官稱為「節度使」。「節度使」最初只掌兵權，後因統兵作戰的需要，兼管地方行政和財政。節度使權力無限擴大，既有其土地，又有其人民，又有其甲兵，又有其財富，成為大軍閥。

唐玄宗時期，節度使已有十個，他們各掌握一州或幾個州的軍、政、財權，使中央政府越來越無力控制。以唐玄宗為首的貴族官僚，營私舞弊，不問政事，過著「春宵苦短日高起，從此君王不早朝」的淫逸生活，把朝廷外事推給權相李林甫、楊國忠去應付，內事交付宦官高力士。李林甫專權自恣，排斥異己。楊國忠到處搜刮，廣受賄賂。統治集團的腐敗，給安史叛亂造成可乘之機。

身兼范陽（今北京西南）、河東（今山西太原）、平盧（今遼寧錦州西）三鎮的節度使安祿山，是營州柳城（今遼寧錦州市附近）人，他為人狡詐，善逢迎，因求得做楊貴妃的養子，很得玄宗的歡心，並取得信任，官運亨通，是勢力最大的軍閥。他看到唐玄宗荒淫昏亂，內地防衛力量薄弱，取而代之的野心膨脹起來。在表面上，他經常到帝都長安，裝得對朝廷極其恭順，騙得唐玄宗的相信，而在背後卻暗自積蓄力量。在范陽城北建築雄武城，廣招兵馬；又利用民族矛盾，大搞分裂活動。經過十年左右的準備，於天寶十四年（西元七五五年）十一月，安祿山串通部將史思明，以討伐楊國忠為名率兵十五萬南下反唐；「安史之亂」爆發。

當時，海內歌舞昇平日久，百姓多年未見戰亂，突然聽說叛亂爆發，遠近震駭。叛軍所過州縣，無敢拒之者。甚至士卒登城，聽到敵人的鼓角聲，竟嚇得紛紛墜落城下。唐朝廷急忙命封常清、高仙芝招收市井無賴之徒，前往阻擋，結果二人兵敗身亡。西元七五六年正月，安祿山在洛陽稱大燕皇帝。同年六月，潼關失守。唐玄宗夥同楊國忠以及楊氏弟兄姊妹，西奔四川。行至馬嵬驛（今陝西興平縣西），禁軍嘩變，鼓譟不進，殺死宰相楊國忠，逼迫玄宗縊死了楊貴妃。

安史叛軍燒殺擄掠，遭到沿途老百姓和部分朝廷政府軍的反對，河朔之民苦賊暴，所至屯結，多至二萬人，少者萬人，各自為營以拒賊。唐朝地方官吏和將領顏杲卿、張巡、魯靈都進行了有效的抵抗。在唐朝部分將吏的抗擊下，安史叛軍受到挫折，內部矛盾重重。此時，唐玄宗的兒子李亨在靈武繼位，這就是唐肅宗。他任用郭子儀等大將，集合西北各路軍隊，依靠淮南、江南的雄厚財力、物力，並向回紇等少數民族借兵，準備平亂。

西元七五七年，安祿山被其子安慶緒殺死。唐軍乘機收復長安、洛陽等地。唐軍因缺乏統一指揮，加上糧食供應不足，士氣低落。西元七五九年，史思明率十三萬人進攻，結果唐軍大敗。史思明在鄴城（河南安陽市）取勝後殺了安慶緒，自稱大燕皇帝，接著又攻陷洛陽。此後，史朝義又殺死其父史思明。西元七六二年，唐軍再次收回洛陽，史朝義出逃中被迫自殺，其部下將領全部投降。歷時八年之久的安史之亂終告結束。

安史之亂是唐王朝由盛到衰的轉捩點。在戰亂中，平民百姓遭到了空前的浩劫，北方的經濟受到很大破壞。「洛陽四面數百里州縣，皆為丘墟」，「汝、鄭等州，比屋蕩盡，人悉以紙為衣」，出現了千里蕭條，人煙斷絕的慘景。

安史之亂是一場統治階層內部爭權奪利的博弈。統治階層內部矛盾的激化，是安史之亂的直接原因。唐玄宗後期，口蜜腹劍的奸佞人物李林甫，出入宰相達十九年之久。他在職期間排斥異己，培植黨羽，公卿不由其門而進，必被罪徙；附離者，雖小人且為引重繼他上台的楊貴妃之兄楊國忠，更是一個不顧天下成敗，只顧循私誤國之人，他公然行賄賂，妒賢忌能，驕縱跋扈，不可一世。奸臣當道，加深了統治階級內部的矛盾，尤其是楊國忠與安祿山之間爭權奪利，成了安史之亂的導火線。此外，西北派軍閥哥舒翰與東北派軍閥安祿山之間，也素有裂隙。內外交錯，使唐玄宗後期統治階級內部君與臣、文臣與武將之間的矛盾日益尖銳化。

中央和地方軍閥勢力之間的矛盾，則是促成安史之亂最為重要的因素。由於唐朝均田制和府兵制的破壞，從唐玄宗起便不得不以募兵制代替府兵制。這些召募來的職業軍人受地方軍閥的收買籠絡，和將領形成一種特殊的盤根錯節、牢不可分的關係。加上開元以後，在邊防普遍設立節度使制度，他們的權力越來越大，至於既有其土地，又有其人民，又有其兵甲，又有其財賦，形成尾大不掉的局面。到天寶元年，邊軍不斷增加，達到四十九萬人，佔全國總兵數百分之八十五以上，其中又主要集中在東北和西北邊境，僅安祿山所掌范陽等三鎮即達十五萬人。而中央軍則不僅數量不足，而且品質太差，平時毫無作戰準備，打起仗來不堪一擊。地方軍閥的日益強大，與中央政權矛盾日深，到天寶末年，終於爆發成為安史之亂。

安史之亂的後果是極其嚴重的，戰亂使社會遭到了一次浩劫。安史之亂使唐王朝自盛而衰，一蹶不振，此後實際上統一的中央王朝已經無力再控制地方，安史餘黨在北方形成藩鎮割據，各自為政，後來這種狀況遍及全國。各地出現了四十多個大小軍閥，形成了藩鎮割據的局面。在節度使管轄的地區，唐朝中央政府既不能任免官吏、徵收賦稅，又不能調動軍隊。節度使的職位，或者父子相襲，或者部將相繼。他們手握重兵，互相攻伐，對唐朝中央集權形成了嚴重的威脅。這些藩鎮割據，甚至驕橫稱王稱帝，與唐王朝分庭抗禮直到唐亡，這種現象沒有終止。

經過安史之亂，唐王朝也失去了對周邊地區少數民族的控制。安祿山亂兵一起，唐王朝將隴右、河西、朔方一帶重兵皆調遣內地，造成邊防空虛，西邊吐蕃乘機而入，盡得隴右、河西走廊，安西四鎮隨之全部喪失。此後，吐蕃進一步深入，唐政權連長安城也保不穩了。唐王朝內憂外患，朝不保夕，更加岌岌可危。

箴言：「罪莫大於可欲，禍莫大於不知足，咎莫大於欲得。」──老子

施伎倆，改變秩序規則——朱棣施計奪皇權

利益的博弈大都是在秩序的制約下得以平衡，如果某一方的實力足以改變這種平衡的時候，原有的秩序就將被打破，合作性博弈也就將被非合作性博弈所取代，強勢的一方將朝著建立一個新秩序的目標而行動。明成祖朱棣取代建文帝，便是對中國歷史上的政治秩序，以及太祖朱元璋所建立的繼位秩序的有力衝擊。

明朝的開國皇帝明太祖朱元璋五十歲以後就感體力不支，心跳過快又常發高熱，做怪夢，有時喜怒無常。他又傷心過度，身體越益衰弱，髮鬚全變白了。他立朱標之子，十六歲的朱允炆為皇太孫，又怕皇太孫駕馭不了重臣宿將，便再次殺害功臣，將傅友德、馮勝等幾位開國元勳藉故殺了。他又怕兒子們與太孫爭奪皇位，特地編了《皇明祖訓》，要子孫們遵守宗法制，並規定誰更改祖制，就以奸臣論處，格殺勿論，希望以此使大家都服從小皇帝，保持朱家王朝的長治久安。

明洪武三十一年五月，明太祖朱元璋心力交瘁，終於病倒。病勢轉危，便立遺詔命皇

太孫朱允炆繼位，諸子各自鎮守藩國，不必赴京奔喪以防變亂。不久病崩於南京西宮，後葬於南京明孝陵。

早在洪武二十五年皇太子朱標病逝之時，朱元璋不得不重新考慮皇位的繼承問題，在此期間，他曾想到了皇四子朱棣，因為朱棣有許多地方都與自己非常相似，但向群臣諮詢的時候，大臣劉三吾提出，如立皇四子，那麼將皇二、三子立於何地？因此，朱元璋只得將朱標的次子朱允炆立為皇太孫。朱元璋又將皇二、三、四子分別被封為了秦、晉、燕王，三人的封地都是邊境重鎮，而且手握重兵，避免一但出現爭儲而出現內訌，後果將非常嚴重。其中就將朱棣分封在北京，原本也希望這個皇四子能代替功臣宿將掌握兵權，從而使明朝的政權更加穩固。可誰知就是這個四皇子，竟利用手中的兵權最終奪取了皇帝的位子，這是當初朱元璋無法預料到的。

明太祖朱元璋病逝後，朱允炆正式繼位，改年號為建文。從年號上不難看出，一個建文，一個洪武，二位皇帝的性格截然不同，而且當初朱元璋不願立皇太孫的一個重要原因就是朱允炆像他的父親一樣，受儒家思想的影響太嚴重，過於柔弱，過於仁慈，恐怕日後駕馭不住眾臣。

朱允炆繼位之後，重用黃子澄、齊泰、方孝儒等文人，一反明太祖的做法，推行了一系列新政。首先是重德省刑，銳意文治，崇尚禮教。以致刑部的囚犯比往年減少了三分之二。同時又選派廷臣二十四人為採訪使，分巡天下，觀風俗，燭幽隱，興辦利民之事。其次是均免賦役，減免歷年逃租和天下荒田租稅。針對江浙賦役過重的情況，建文帝特下詔：「江浙賦獨重，宜悉與減免，畝不得過一斗。」對於佛道勢力多佔良田的情況加以限制。在朝廷內，建文帝對宦官管教甚嚴，同時又詔諭地方官，一旦發現宦官奉使橫暴，虐害士民即擒送京師，加以嚴懲。這也引起了不法宦官的怨恨，在日後靖難之役中或投靠燕王朱棣，或是做為內應。

建文帝在官吏方面也進行了改革，重新更定官制，大力精簡機構，革除冗員。在建文帝在位的四年間，撤銷了九個州，三十九個縣以及一大批冗官、冗吏和稅務機構，增加了中央財政收入，減輕了人民的負擔。

可以說建文帝的一系列措施，充分體現了他以仁義禮樂化民的治國思想，改革了洪武時期的不少弊政，給社會帶來了一陣清風。為無論是百姓，還是官吏都創造了一個寬鬆的環境，緩和了社會矛盾，對社會的安定產生了積極作用，一時政通人和，所以後人有「四年寬政解嚴霜」之譽。

正當建文帝行新政之際，大明王朝卻禍起蕭牆。原因是建文帝登基之後，見於各地藩王（即他的各位叔父）「擁重兵，多不法」的狀況，擔心會造成西漢時的七國之亂，採納了兵部尚書齊泰、太常卿黃子澄的建議，決定削藩。但朱允炆在重大問題的決策上犯了一個嚴重錯誤，他並沒有先削實力最為強大的燕王朱棣，而是從其他藩王下手，先後廢了周王朱肅、齊王朱福等五王為庶人，這樣即引起了藩王們的自危，以及打草驚蛇，使得燕王加緊做出準備。當建文帝的矛頭直指朱棣時，卻為時以晚。朱棣也立即採取行動，殺死了朝廷派到北京的駐守大臣，並以「誅齊黃、清君側」為名，用「恢復祖宗舊制」為旗號，揮師南下，爭奪帝位，史稱「靖難之役」。從此，建文帝與燕王之間的博弈便開始了。

建文帝部署兵力，奮力平叛。在最初的戰鬥中朝廷的兵力佔絕對優勢，不過由於大將李景隆的指揮不當，明軍屢遭敗績。儘管燕軍氣勢洶洶，並曾攻下城邑，但卻旋得旋失，所以鏖戰三年，燕軍僅據北平、保定、永平三郡而已，戰爭出現僵持局面。在此期間明軍中湧現出了一批比較優秀的將領，他們的頑強抵抗給朱棣造成了極大的威脅。這時一些被建文帝處罰的不法宦官向朱棣透露了京師空虛的情報，並表示願充當燕軍內應，朱棣正確分析了形勢，只要建文帝在一天，地方軍隊就會抵抗一天，而且自己就是叛王，但如果一旦攻佔南京，成為一國之君後，相信也沒有多少人反對，因為大家都是觀望的態度。於是朱棣改變以往攻城奪地的戰略，率軍直搗南京。

建文四年（西元一四〇二年）六月，燕軍渡過長江，兵臨城下。此時的朝廷已經亂作了一團，很多地方將領按兵不動。齊泰、黃子澄藉募兵為由，離京奔廣德、蘇州。左都督徐增壽密謀私通朱棣做為內應，被建文帝朱允炆察知，親手將他砍死。守衛金川門的谷王朱穗和大將李景隆私自開門降燕，讓燕軍殺入城內。朱允炆聞報，流淚說道：「朕未曾薄待朱穗、李景隆等人，他們竟在緊要關頭背叛於朕。」忠於建文帝的御史連楹假意投降朱棣，接近馬前行刺不成被朱棣所殺。建文帝聽說後嘆道：「如此忠臣，朕卻不重用，這是朕的過錯，悔之不及，朕還不如一死以殉社稷。」說完拔刀就要自殺，被左右死命阻住，朱允炆無奈，又見警報迭傳，下令縱火焚毀皇宮，朱棣殺入宮中，搜尋了三天，始終沒有找到朱允炆。追問內侍，他們也不知朱允炆是死是活，只知他下令縱火後就不見了蹤影。馬皇后和大多數妃子、內侍都被燒死，內侍們怕朱棣不信，找了一具殘骸說是建文帝的屍骨。朱棣命人從灰燼撥出殘骸，已是滿身焦爛，四肢不全，分不清男女，只得下令以天子禮殮葬。

此時朱棣的靖難之役宣告成功，登上了帝位，年號永樂。正如朱棣所料，地方上幾乎沒有人反對。而在朝廷內卻是另一番情景，投降的文臣只有二十四人，其他或逃跑、或自殺卻有千人。永樂朝廷幾乎無人可用，可見建文帝在文人士大夫心目中的地位是相當高的。

建文帝的帝王之旅，四年即告結束，身為皇帝他太過仁慈，有時甚至優柔寡斷，如果讓他做臣子，相信他可以愛民如子，兩袖清風，但做皇帝不一樣，皇帝註定與鮮血分不開，他要排除異己；他要樹立皇威，如果不能做到這些，皇帝也終將被歷史淘汰，建文帝就是這樣一個悲劇人物。

當年明太祖朱元璋為避免後代為爭奪皇位而同室操戈現象的出現，特立下了傳位長子、長子死後傳位長孫的制度。為了鞏固皇子皇孫的地位，他曾大肆殺戮功臣，但萬萬沒有想到禍起蕭牆之內，真正的威脅來自自己的封王建藩、派駐各地的兒子。人常說，血濃於水、血脈相連，而在權力的競技場上，沒有親情甚至沒有人情可言。有能力、有野心的人當然不甘落後他人之後，特別是對弱者俯首稱臣，所以才有施盡伎倆，血洗皇宮，最終改變了秩序規則。

箴言：「智者之慮，必雜於利害。」—孫子

謀定而動，消除隱患

——康熙消藩平定吳三桂

歷史上的大一統國家，中央集權是最主要的統治形式，一切政令、國家權力都由中央統治階層控制，地方只不過是中央決策的執行機構而已，中央對地方的控制就像手臂指揮手指一樣。但當中央與地方的利益發生衝突，其試圖建立的一統的政治局面和安定的社會局勢就會受到很大的威脅。要想繼續維持統治地位的穩定，變通規則成為當務之急。康熙就是在中央集權面臨威脅時，能明智的選擇最適合維護君權利益方法的統治者。他打破舊的中央與地方的規則，撤銷藩鎮，以確保清朝政治統治避免受到割據勢力的危害。

康熙帝親自執政後，大力整頓朝政，獎勵生產，懲辦貪汙，使新建立的清王朝漸漸強盛起來。當時南明政權雖然已經滅亡，但是南方有三個藩王卻叫康熙帝十分擔心。康熙帝知道要統一政令，三藩是很大的障礙，一定得找機會削弱他們的勢力。

這三個藩王本來是投降清朝的明軍將領，一個是引清兵入關的吳三桂，一個叫尚可喜，一個叫耿仲明。因為他們幫助清朝消滅南明，鎮壓農民軍，清王朝認為他們有功，封吳三桂為平西王，駐防雲南、貴州；尚可喜為平南王，駐防廣東；耿仲明為靖南王，駐防福建，合起來叫做」三藩」。

三藩之中，又數吳三桂最強。吳三桂當上藩王之後，十分驕橫，不但掌握地方兵權，還控制財政，自派官吏，不把清朝廷放在眼裏。吳三桂割據雲南，大肆圈佔民田，把耕種這些土地的各族農民變為自己的佃戶，恢復明末各種繁重的賦役，強迫農民納租納稅。搶掠人口，「勒平民為余丁，不從者指為『逃人』」。放高利貸「誘人稱貸責重息」。廣徵關市，榷稅鹽井、金礦、銅山之利。其部屬更是無惡不做，殺人奪貨，無所畏忌。尚可喜之子尚之信在廣東則是一個酗酒殺人的惡魔，以殺人為樂，令其部屬私充鹽商，姿意盤剝。耿仲明之子耿精忠在福建也是橫徵鹽課，勒索銀米。

「三藩」各擁有雄厚兵力。吳三桂有旗兵五十三佐領，綠旗兵十營，耿、尚各有兵馬十五佐領和六、七千綠旗兵，總共十餘萬人。巨額的軍費開支，全由國庫支付，造成天下財賦半耗於「三藩」的局面，清財政面臨巨大的困難。三藩割據勢力的膨脹，嚴重威脅清朝的國家統一，雙方的矛盾日益尖銳起來。康熙初年，清朝廷逐漸對三藩採取了限制的政策，著重限制三藩中實力最強大的吳三桂，如命令他繳還大將軍印，同意他辭去雲貴總管，罷其除吏之權等。這些措施除了加深了雙方矛盾外，並沒有從根本上解決問題。康熙親政之後，以三藩及河務、漕運為大事，對飛揚跋扈的三藩割據勢力，夙夜憂心。除掉鼇拜後，決計清除三藩。

康熙十二年（西元一六七三年）三月，尚可喜請求告老歸遼東，以其子尚之信承襲爵位繼續坐鎮廣東。康熙抓住這一有利時機，同意他告老但不允許其子襲爵，命令其盡撤藩兵回籍。這道命令觸動了吳、耿二藩，他們也不得不請求撤藩，一方面試探清廷的態度，一方面積極準備叛亂。當時朝廷大臣意見不一，大多數人認為一撤藩，勢必引起反抗，因此反對撤藩。只有戶部尚書米思翰、兵部尚書明珠、刑部尚書莫洛等少數人主張撤藩。康熙認為，藩鎮久握重兵，勢成禍患，現在撤也反，不撤也反，不如先發制之。於是將計就計，同意吳三桂和耿精忠所請，毅然下令撤藩。撤藩令一下，吳三桂即於十一月間在雲南發動叛亂，發出檄文指斥清廷竊我先朝神器，變我中國冠裳，聲稱要共舉大明之文物，悉還中夏之乾坤。蓄髮易衣冠，旗幟皆白色，自稱「天下都招討兵馬大元帥」，打起「反清復明」的旗號，以欺騙人民，叛軍很快攻進湖南。不久，廣西將軍孫延齡、提督主雄等據廣西反叛，四川巡撫羅森、提督鄭蛟麟等據四川反叛。

康熙十三年三月，耿精忠據福建反叛。不到半年，清廷的滇、黔、湘、川、桂、閩六省全部失掉。康熙十五年二月，尚之信據廣東反叛。接著戰亂擴大到贛、陝、甘等省，吳三桂等人的反叛消息傳到北京，舉朝震動。大學士索額圖提出殺掉主張撤藩者的頭，取消撤藩令。達賴喇嘛也暗助吳三桂，提出「裂土罷兵」。康熙力排眾議，對其他叛亂分子採取招撫拉籠的手法，暫時停撤耿、尚二藩，集中主要力量打擊元兇吳三桂。

下令剝奪吳三桂的王爵，殺其子吳夢熊於北京。在軍事上迅速制定了一套作戰計畫，下令討伐。急命順承郡王勒爾錦為寧南靖寇大將軍，統率八旗勁旅前往荊州，與吳軍隔江對峙。又命西安將軍瓦爾喀率騎兵赴蜀，大學士莫洛經略陝西。命康王傑書等率師討伐耿精忠，又命副都統馬哈達領兵駐兗州、擴爾坤領兵駐太原，以備調遣。

戰爭開始後，清朝方面暴露了嚴重弱點。首先是調兵遣將，著著落後；其次是八旗兵鬥志不強。湖南守將懾於吳軍的來勢兇猛，丟掉了許多城池。派到武昌、荊州的八旗兵不敢渡江前進，與之相反，叛軍方面卻屢屢得手。吳三桂多年來養精蓄銳，兵強馬壯，先聲奪人。但叛軍內部也有致命的不可克服的矛盾，首先，民眾渴望統一，與民為敵的吳三桂顯然得不到更多人力、物力、財力的支援；其次，叛軍內部無法形成整體，不相統屬，心志不齊，難以持久。康熙依據時局，運籌帷幄，以湖南為主戰場，堅決打擊湖南的叛軍，輔以陝、甘、川線和江西、浙東東線，三個戰場相互配合，把叛軍分割開，有效地割斷了耿、吳叛軍的會合。康熙對陝西提督王輔臣，叛而附，附而又叛的曖昧態度，採取穩定策略，以極大的耐心爭取他，表示往事一概不究，極力安撫，終於在康熙十五年把王輔臣爭取過來，使吳三桂打通西北的陰謀未能得逞，清軍得以騰出兵力增援南方。又利用耿精忠和鄭經的矛盾，多方招撫耿精忠。不久耿歸附清廷，清收復福建。尚之信也於康熙十六年五月降服，穩住了廣東。由於康熙處置得當，吳三桂失去了外援，軍事上完全陷於孤立。這樣，從康熙十五年起，戰爭的優勢逐漸轉到清軍方面來了。

清朝將陝西、福建、廣東局勢穩住後，便命令諸將重點進攻湖南。清軍從荊州江北和江西兩方面展開進攻，尤其是從江西方面迂迴間道破袁州，又自醴陵攻萍鄉，乘勝直指長沙，震動了湖南。吳三桂急忙率領松滋等長江湖口前線駐軍回援長沙，全力抗守。此時，康熙乘吳軍全力固守長沙而湖口各路守備空虛之機，命清軍自荊州渡江進攻，吳軍潰敗。

康熙十七年，戰勢對叛軍更加不利。勢窮力竭的吳三桂為了鼓舞士氣，於三月在衡州稱帝，國號「大周」，改元昭武，改衡州為定天府。但這一招並未起什麼作用，他坐困衡州，一籌莫展，八月病死。部將迎其孫吳世璠即帝位，改元洪化，退居貴陽。清軍乘勢發動攻擊，康熙十八年，清軍平岳州、常德、長沙、衡州等地後，恢復了湖南全省，同時收復廣西。

第二年，清軍克漢中，定成都，取重慶，收復四川。同時，康熙命令彰泰為定遠平寇大將軍接替指揮，率師由湖南進攻雲貴。康熙二十年正月，清軍收復貴州，彰泰開始進入雲南。二月，賴塔率師由廣西抵雲南。九月，清將趙良棟率師由四川至雲南，與另二路先期抵達的軍隊會合，加緊圍攻昆明。十月，昆明城中，糧盡援絕，南門守將開門迎降，吳世璠服毒自殺，雲貴悉平。平定三藩叛亂戰爭至此結束。

這次平叛戰爭的勝利，清除了地方割據勢力，避免了一次國家大分裂，有利於多民族統一國家的鞏固和發展。同時中央集權制力量得到加強，提高了抗禦外敵的能力。康熙在平叛戰爭結束後，沒收藩產入官充當軍餉，撤藩回京師。

在這場中央與地方的博弈中，康熙表現出傑出的政治、軍事才能。在對付老謀深算的對手時，顯現出運籌幃幄、謀定而動、沉穩果斷、居高臨下的姿態。他指揮有方，處置得當，臨危不躁，謹慎地對待戰局的變化，不急於求成，也不放過良好的進攻時機。對待將領，不論親疏貴賤，一律賞罰嚴明，因而取得了最終的勝利。

> 箴言：「世異則事異，事異則備變。」——韓非

第七章

披上美麗的外衣

在人類歷史的博弈生存中，對利益的追逐總是受到一些制度規則以及道德觀念等因素的制約。如果誰敢冒天下之大不韙而行之，很可能就會引發眾怒，失道而寡助，群起而攻之。因此，在歷史的利益博弈中，無論是正義的一方還是非正義的一方，通常都會為自己的行為披上一層美麗的外衣。

被包裝的野心——「禪讓」背後的神話

「禪讓」是中國統治者更迭的一種方式，是在位君主生前便將統治權讓給他人。形式上，禪讓是在位君主自願進行的，是為了讓更賢能的人統治國家。通常禪讓是將權力讓給不同姓，這會導致朝代更替，而讓給自己的同姓血親，則被稱為「內禪」，讓位者通常稱「太上皇」，不會導致朝代更替。

禪讓據說很美好、很高尚，但誰也沒瞧見。被記載到歷史上的「禪讓」卻沒一個是可以與美好、高尚這樣的詞彙掛鉤的，當然，比起按住前朝末代皇帝的腦袋搬家，或逼迫著他們一起上吊，禪讓也還算不錯了。

若說到中國古代的美政、善政，「堯舜禪讓」無疑是人們最樂於稱引的典故和事例。堯是中國歷史上禪讓制的第一個實踐者，他禪位予舜是中國歷代盛傳不已的事件，但同時，它也是兩千多年來人們所爭論不休的事，聚訟千年，新知歧見時有人出，但迄今仍不能定其真偽，並未取得大家一致公認的看法，仍是「迷山霧海」。

古代的文獻中關於禪讓的記載是很多的，主要有：《尚書・堯典》、《論語・堯曰》、《墨子・尚賢》、《孟子・萬章》、《荀子・成相》、《莊子・天地》、《盜蹠》、《呂氏春秋・去私》、《行論》、《左傳・文公十八年》、《僖公三十三年》、《國語・晉語》、《韓非子・五蠹》、《竹書紀年》、《大戴禮記・五帝德》、《帝王世系》、《山海經》和《史記・五帝本紀》等數十部有關於堯舜禪讓的記載，近幾年更增加了一些剛整理出來的出土文獻，像《郭店楚墓竹簡》的《唐虞之道》等。在這些資料中，對堯舜禪讓的態度有著極大的差異：儒家和墨家所堅持的的觀點，主要的代表是孔子、墨子和孟子。孔孟側重於傳德，墨子側重於傳賢。但就在鼓吹堯舜禪讓之風盛行的春秋戰國之世的同時，否認禪讓之風亦起。那些曾在著作中敘說過堯舜禪讓的人，便首起反駁之言：如荀子和韓非子就是典型代表。荀子指斥堯舜禪讓之說為「虛言」，為「淺者之傳，陋者之說」，認為「天子者，勢位至尊，無敵於天下，夫有誰與讓矣」。韓非子則謂堯舜禪讓是「逼上弒君」，為「反君臣之義」，認為那些稱讚堯舜禪讓的為「非愚即誣」的行為。

據晉代出土的魏國史書《竹書紀年》中有「昔堯德衰，為舜所囚也」，「舜囚堯，復偃塞丹朱，使不與父相見也」，「舜囚堯與平陽，取之帝位」，「舜放堯於平陽」等語。

這些文字，由於《竹書紀年》的特殊性，即該書是沒有經過秦火的焚毀之禍的。所以它提出的關於堯舜禪讓與傳統說法不一致甚至截然想反的觀點，即堯舜間是「武力逼奪」而非「禪讓」，很為學者重視，成為後代學者懷疑堯舜禪讓之濫觴。

舜是黃帝後裔中的另外一個分支，距黃帝九世，居住在黃河中游(山西蒲州一帶)，舜當是該部落的首領，名聲才會被堯所聞。堯為了聯合拉攏舜的部落，把兩個女兒娥皇、女英嫁給了舜。這是中國史「和親」的最早濫觴。遙想當年，舜下了重金做為聘禮，在媯水邊迎娶二女的時候，一定百感交集。蒹葭蒼蒼，野露茫茫，一絲寒意一定襲上了年輕的舜的心頭：這次聯姻吉凶未卜，二女所懷的不知是怎樣惡毒的使命，舜部落的秘密和實力，眼看即將暴露在閨房女紅的閒庭信步之中；但是無論二女如何作為，舜又無法處治，畢竟，娥皇、女英是強大的堯的親生女兒。在這脈脈的溫情下面，提前隱藏著刺探和背叛的結局。

那時母系氏族早已逝去了其黃金時期，女人做為男人的附庸，被當做工具用於各種無法言傳的場合。況且娥皇、女英是庶出，堯寵愛的是正房女皇所生的長子丹朱，將來的皇位非丹朱莫屬。而丹朱頑凶，娥皇、女英和另外九個庶出的兄弟，大概早已預料到了丹朱上台後自己的命運。那麼，父親密令刺探的這個叫舜的男人，能夠依恃嗎？畢竟，堯之前也不是沒有過非長子繼位的先例，堯本人就是以次子的身分奪了哥哥摯的皇位。在一個白露為霜的寒冷的早晨，婚媾張揚的大喜之日，娥皇、女英也是心緒複雜，滋味難辨。婚後的日子波瀾不驚。舜，「目重瞳子(兩個瞳仁)，龍顏，大口，黑色，身長六尺一寸」，貌奇，魁梧；而且非常能幹，會耕，會漁，會製陶器；又孝順，處事公正，甚得部落百姓的愛戴。如果這樣的男人不值得愛，還有什麼人值得愛呢？就這樣，在日復一日的互相提防中，在日復一日的耳鬢廝磨中，愛情這個神秘的煙幕，悄悄地放出來了。當舜的父親和異母兄弟屢次要加害舜的時候，娥皇、女英被愛情激發出了巨大的智慧，指點舜兩次逃生。三人同心，其利斷金。趁著堯派他的九個庶出的兒子，假藉探望娥皇、女英之名，三人和九子結成了統一戰線。堯七十三歲時，傳位於丹朱，舜和九子內應發動了政變，一擊得手，囚禁了堯和丹朱，迫使堯讓位於舜，並順理成章地登上了帝位。

按照這種說法，陰謀與愛情詭秘地結合為一體，斷送了堯的萬世基業。舜則志得意滿，江山美人一手盡攬。然而，冥冥中似有定數，數十年後，舜卻重複了堯的命運：與舜有殺父之仇的禹篡位，將舜流放到極南的蒼梧之野(廣西)，死後葬在湖南九疑山。

而《史記・五帝本紀》中記載：堯年老後，問大臣誰能繼位，大臣推薦了舜。為了考察舜，堯將兩個女兒娥皇和女英嫁給了舜，在舜的調教之下，二女「甚有婦道」。堯非常滿意，三年後考察結束，堯把帝位傳給了舜。堯的這個舉動，就是歷史所美譽的「禪讓」。此後舜仿此例，亦禪讓予禹。

但中國歷史上的大多王朝更替，雖有禪讓之名，實為奪權之意。這些所謂的禪讓，均為朝中權臣脅迫皇帝退位，而由於繼任者是當政者的臣子，為避免不忠的罵名，便打著禪讓的旗號，掩飾篡位的野心，以取得行為的正統性。因此，以禪讓而滅亡某一朝代，史書中也多表述為「篡」，而若以武力直接推翻某一朝代，則用「滅」，以表明某種價值判斷。

有史以來，正史所記載的出於公心的禪讓僅此二例，後世僅有的幾例禪讓都是被逼無奈之下，如西漢的孺子嬰禪讓給新朝的王莽；東漢獻帝劉協禪讓給曹魏文帝曹丕；曹魏元帝曹奐禪讓給西晉武帝司馬炎；東晉恭帝司馬德文禪讓給南朝宋武帝劉裕；南朝宋順帝劉准禪讓給南朝齊高帝蕭道成；南朝齊和帝蕭寶融禪讓給南朝梁武帝蕭衍；南朝梁敬帝蕭方智禪讓給南朝陳武帝陳霸先；東魏孝靜帝元善見禪讓給北齊文宣帝高洋；西魏恭帝元廓禪讓給北周孝閔帝宇文覺；北周靜帝宇文衍禪讓給隋朝文帝楊堅；隋恭帝楊侑禪讓給唐高祖李淵；唐哀帝李祝禪讓給後梁太祖朱溫；南吳睿帝楊溥禪讓給南唐烈祖李昪；後周恭帝柴宗訓禪讓給宋太祖趙匡胤等等。均是前朝末帝為保其命，新政的建立者為了避免落得罵名而演出的把戲。

無論堯舜禪讓到底是出於何種原因，歷史證明禪讓是王朝更替的手段與方式，它應該是被認同為一種政治，是一種中國特色的禮儀化政治。從對禪與讓的訓詁學釋義，從對表達王朝更替概念的禪字於先秦、秦漢經史諸子中使用的文字學追蹤，從對禪讓與其他諸如世襲、篡逆、讓國等或對立或比鄰概念的界定，以及從對禪讓概念內涵的解析，可以看出，做為皇權專制制度下王朝更替主要形式的禪讓，是中國歷史上有它獨特內容與形式上別具一格的政治博弈現象。

箴言：「得人者興，失人者崩。」——司馬遷

「尊王攘夷」的背後——五霸之首齊桓公的崛起

在人類歷史的博弈生存中，對利益的追逐往往受制度、道德等因素的制約，因此在利益對弈中彼此通常都會有一個合適的理由。不管是正義的一方還是非正義的一方，都是如此。因此，在中國的歷史到了東周末年，由於內憂外患，苟延了五百年的周王室開始衰弱，彷彿一具政治僵屍之際，很快強盛起來的齊國國君齊桓公認為稱霸的時機已到，便打出了「尊王攘夷」的旗號，開始向外發展。

當時的齊桓公依靠管仲整修內政，加強中央集權，把齊國治理得國強兵壯，在當上國君的第五年(西元前六八一年)，他對管仲說：「現在咱們兵強馬壯，可以會合諸侯了吧？」管仲說：「如今南方的楚國、西方的秦國和晉國，都擁有強過我國的實力，可是他們都沒有能夠稱雄於世。這是什麼道理呢？因為他們只知擴張疆土對周王室卻不尊崇，更不懂得借用天王名義號令天下的好處。您如今用尊王攘夷為號召，就會在諸侯中樹立威望。」管仲說的尊王攘夷，就是尊重周朝王室，承認周天子至高無上的地位，各諸侯國聯合起來共同抵禦蠻、夷、戎等部族對中原的侵害。齊桓公聽管仲這麼一說，便問：「那該怎樣做呢？」管仲回答說：「宋國剛經過內亂，至今各國諸侯還沒有承認宋國新君的地位。而周厘王剛剛繼位，我們不妨遣使前去周室，一來去朝賀，二來請天王下令，讓諸侯承認宋君的君位。只要天王同意，我們就可以藉此機會召集諸侯了。」齊桓公便依計行事，派使臣朝見周厘王胡齊。

周厘王剛繼位，見強大的齊國前來賀喜，心裏說不出多高興。前面講過，因為到春秋時代，許多諸侯都不把周王室放在眼裏了。就把召集諸侯承認宋國君位這件事，派給了齊桓公。齊桓公得到天王的授權，便通知各國諸侯，在齊國的北杏(今山東東阿縣北)大會諸侯，共同確認宋國君位。

宋國的君位之所以需要確定的原因，是因為宋國大將南宮長萬打死了原來的國君宋閔公，並立宋閔公的堂弟公子游為國君。宋閔公的弟弟公子御說逃亡國外，後來他聯絡國內各大族，把公子游殺死。趕走南宮長萬，身任國君，這便是宋桓公。管仲就是想藉著宋桓公剛繼位，可以借助諸侯確認這個機會，讓齊桓公打著天王的旗號，會盟諸侯，當上霸主。

會期臨近，宋桓公早早就來了，對齊桓公發起這次會盟表示感謝。第二天，陳國、鄭國、蔡國的諸侯也陸續到了，但是到了二月最後一天其他諸侯還沒有來。齊桓公對管仲說：「諸侯沒有來齊，改個日期吧。」管仲說：「第一次會合諸侯，怎能再改日期？『三人威眾』，現在已經來了四國可以開會了。」

三月初一，大會按時舉行。五國諸侯會面敘禮畢。齊桓公說：「我奉了天王的命令，會盟各位，一起商量怎樣扶助王室。今天這個大會，得先推選一位盟主來主持大事，請大家公議。」這時，幾位諸侯交頭接耳議論開了，因為宋國以前還算有些實力，可是現在連宋國的君位還要靠各國來確定，怎麼能當盟主呢？正在為難，陳宣公起來說：「天王把會合諸侯的使命交給了齊侯，齊侯為盟主是順理成章的事，就由齊侯當盟主吧。」各諸侯都表示贊同。齊桓公謙讓一番，就順勢地坐到盟主的位置上去了。他率領大家先向台上虛設的天王的座位行禮如儀，然後宣讀了盟約。簽定盟約，尊重王室，扶助弱小國家，共同抵禦夷狄入侵。還寫明若是哪一個國家違背了盟約，其它各國要聯合起來共同討伐它。對盟約的內容，各國諸侯都表示同意，歃血為盟。而此時宋桓公卻悶悶不樂，一聲不吭。

會後，宋桓公回到住地，左思右想認為：齊侯仗著自己強大，全不把自己放在眼裏，剛剛當上盟主便做威做福，這怎麼得了！於是便收拾行李，連夜回國了。

宋桓公不辭而別，惹得齊桓公大怒，要派兵去追。

管仲說：「我們本來是請人家會盟，人家走了，我們派兵去追，沒有這個道理。再說宋國遠，魯國近，不如先去討伐魯國。」

齊桓公問：「如何去打呢？」

管仲說：「我們如果先去攻打魯國的附庸遂國，魯國一定害怕。然後再派人去責問魯國，大兵壓境，魯國敢不來賠禮道歉嗎？」於是，齊桓公親率大軍攻打魯國的附屬國遂國。魯莊公得知消息，急忙召集群臣商議，大臣施伯和曹劌都主張和好。正在這時候，齊桓公派來送信的人到了，信中責備魯莊公不去北杏會盟。魯莊公回信說：「開大會的時候我正好生病，沒來得及參加，實在抱歉。如果您把軍隊撤回齊國境內，我馬上就去會盟。」齊桓公接到回信，非常高興，就撤了兵。

魯莊公帶著曹劌去齊國會盟，只見會場的前後左右都佈滿了士兵，氣氛十分緊張。魯莊公見這陣勢，先就膽怯了，上台階的時候，曹劌鎮定自若的手提利劍，緊跟在魯莊公的後面保護。齊、魯兩國君見過面，一位大臣捧著一盤牛血上來，請兩位國君歃血立盟。按照當時的規矩，立盟約的人為表示誠意要把牛血塗在嘴唇上。兩位國君剛要伸手沾血，曹劌搶上前一步，扯住齊桓公厲聲呵斥：「魯國連年戰爭，已瀕臨絕境。你們不是說要扶助弱小國家嗎？為什麼不替魯國想想呢？」管仲上前問道：「那你想怎麼辦？」曹劌說：

「齊國憑藉著力量強大，欺負弱小的魯國。我們的汶陽之田被你們佔去，今天就請你們還給我們，否則我們絕不訂立盟約！」管仲回頭對齊桓公說：「主公，您答應吧！」齊桓公忙說：「我答應！我答應！」並手指天空說：「讓上天做證，我一定退還汶陽之田。」曹劌見齊桓公對天立誓，便向齊桓公拜了兩拜。

會盟結束以後，齊國的大臣們很生氣，都要求齊桓公把魯莊公殺掉，好出這口窩囊氣，然而齊桓公卻不同意。第二天，齊桓公還擺下酒席，送魯莊公回國，並且就把汶陽之田如數還給魯國。魯莊公帶著曹劌，興高采烈地回國了。

諸侯們聽說這件事，齊桓公講信用的風度令他們敬佩，都想與齊國示好。衛、曹兩國也派人來賠禮道歉，並且請求會盟。齊桓公便請他們一起去討伐宋國。

周厘王二年(西元前六八〇年)，齊桓公派使臣去周天子那裡告狀，說宋桓公無視天子威嚴，不聽號令，請天子出兵，討伐宋國。周厘王答應了齊桓公請求，出兵浩浩蕩蕩，開到了宋國邊界。大夫甯戚對齊桓公說：「討伐宋國，最好是先禮後兵。您讓我先去勸宋桓公認錯求和，不是更好嗎？」齊桓公一心想讓各國諸侯對他心悅誠服，便傳令軍隊暫不進攻，讓甯戚去見宋桓公。

甯戚見了宋桓公，深深地行了個禮。宋恒公毫不理會，視而不見。甯戚見此情景，抬起頭來長嘆一聲說：「宋國真危險啦！」宋桓公說：「你這話是什麼意思？」甯戚不答話，卻問宋桓公：「以您的看法，您和周公誰更賢明？」宋桓公回答說：「周公是聖人，我怎敢和聖人相比呢？」甯戚說：「周公在周朝最強盛的時候，尚且禮賢下士，曾經『一飯三吐哺』，您可是怎麼做的呢？宋國這樣混亂，國內接二連三發生殺國君的事情，您的君位並不牢靠。就算您像周公那樣禮賢下士，恐怕也有人不願意到您這兒來。常言道：『君子不履危國』，何況您還如此驕傲呢！宋國的處境還不危險？」甯戚這一番話說動了宋桓公，忙說：「我的見識淺薄，先生不要介意。」甯戚說：「如今王室衰落，諸侯互不相識，篡國殺君的事常常發生。齊侯看著天下這樣混亂下去心中不忍，奉了王命在北杏會盟諸侯，幫助您確定了您的君位，訂立了盟約。想不到字跡未乾，您就暗地裏跑掉了。您的眼裏還有天子位置嗎？現在天子大怒，派齊侯興師問罪。您不服從天子的命令，現在又和天子的伐罪大軍對抗，觸犯了眾怒在後，哪還用戰場上兵戈相見，戰爭的勝負不是明擺著嗎？」宋桓公忙說：「請先生教我個好辦法？」甯戚說：「依我看，您不如準備些禮物和齊國會盟，這樣天子和盟主見您已知認錯，仗就打不起來，宋國就沒有憂慮了。」宋桓公忙派使臣，帶著禮物到齊桓公那裡去認錯求和。

齊桓公很高興，將宋國送來的禮物交給天子的使者，讓他獻給天子，並同意了宋國重新入盟的請求。

周厘王三年(西元前六七九年),齊桓公再次約沒有去北杏會盟的衛國、鄭國、陳國以及中途跑掉的宋國,在鄄地(今山東范縣西南)會盟。於是,齊桓公便成為春秋時期第一個霸主。

齊桓公的霸業過程中,尊王是個不可少的環節,而當時周王室不安定,所以,尊王的第一步就是安定周王室。齊桓公邀諸侯和太子鄭在首止結盟,並在周惠王去世,太子鄭害怕他弟弟做亂,向齊國乞援時,齊桓公邀各諸侯與周王室在洮結盟,擁立太子鄭繼位,是為周襄王。這樣,周王室又稍稍安定。齊桓公在順利完成了第一步計畫後,又上演了他尊王的一場重頭大戲,這便是葵丘之會。魯僖公九年(西元前六五一年),齊桓公邀魯、宋、衛、許、鄭、曹等國在葵丘修好。齊桓公的這一行動,這正是他的尊王權術。

齊桓公在以管仲為基幹的集團輔佐下,厲行改革,富國強兵。高舉「尊王攘夷」的大旗,完成了稱霸大業。在「尊王攘夷」的號召與實踐過程中,齊桓公一次次地以霸主的身分會盟各諸侯國,假主命以號令中原,這是齊桓公霸業的具體表現形式。齊桓公會盟諸侯大小共十六次,即《谷梁傳》所載的十五次外,還有齊楚召陵之盟。其間的葵丘之盟,齊桓公再次以霸主的身分進行主持,更加奠定了其霸主的地位,使其霸業達到春秋時代極盛的頂峰。從此，齊桓公以中原諸侯霸主的身分，得以挾天子以令諸侯，成為了名符其實的春秋第一霸主。

箴言：「名不正則言不順，言不順則事不成。」——孔子

以天子的名義——曹操挾天子以令諸侯

在中國歷史的博弈中，由於受傳統文化的影響，總會有一個經常起作用的基本觀念——名正言順。由於這種根深柢固的思想，出現了許多欲謀大事者，總是要憑藉著某種所謂名正言順的旗號而施令予天下。三國時期，曹操的「挾天子以令諸侯」，可以說是運用這一輿論的經典範例。

西元一九〇年，董卓將已被廢為弘農王的少帝劉辯毒死，殺死少帝生母何太后，又免了司空劉弘，自任司空，執掌軍政大權。年僅九歲的漢獻帝劉協無力親政，朝政由董卓把持，然後挾天子以令諸侯，橫行天下。二月，董卓逼迫漢獻帝自洛陽遷都長安，臨走前對京師洛陽進行一次大洗劫：他宣布沒收富家財產為己有；又放火盡燒宮廟、官府、房舍，使洛陽二百里內房屋蕩盡、雞犬不留。董卓的殘酷暴行，激起全國不滿，英雄豪傑紛紛起兵討伐。

西元一九二年四月，司徒王允誅殺董卓，天下百姓無不拍手稱讚。然而董卓雖誅，漢家天下卻已然大亂。黃巾起義軍在各地暴動，各地豪強地主為了鎮壓農民起義和討伐董卓紛紛起兵，結果形成各地軍閥割劇混戰的天下大亂局面。

西元一九二年六月，原董卓部將李傕、郭汜攻入長安，誅殺執政大臣王允。至此，漢獻帝又成為李、郭二人控制的傀儡。西元一九五年三月，李傕與郭汜發生內訌，京師長安再次成為軍閥攻打撕殺的屠場。西元一九六年七月，在混戰中漢獻帝被李傕部將楊奉劫持逃回已經殘破不堪的洛陽京城。

西元一九六年八月，曹操佔據洛陽，便勸漢獻帝離開破爛的洛陽，遷都至曹操自己的地盤許昌立都。曹操迎帝入許都後，改年號為建安，使在外漂泊了五年多的漢獻帝結束了窘困流浪的日子，重新過上了皇帝的生活，也使漢室江山又延續了二十年。這也是曹操在其政治生涯中最關鍵的舉措，就是從這一年開始，他實現了真正意義上的「挾天子以令諸侯」。曹操挾天子以令諸侯後，以其卓越的政治軍事才能，相繼擊敗呂布、袁術、袁紹等割據勢力，征服烏桓貴族，將中國北方統一在他的勢力範圍。

曹操利用董卓、袁紹戰略上的失誤，奉迎漢獻帝於許昌，取得了挾天子以令諸侯的政治優勢。曹操也正是運用了挾天子以令諸侯的策略，發展壯大了自己的整體實力，也為後來一些戰事的勝利和統一北方創造了良好的政治與外交基礎。「挾天子以令諸侯」，也是曹操稱霸中原的關鍵一步。

當時漢室江山即將崩潰，群雄並起，有此機會的並非曹操一人。董卓也曾稱雄，而且機會最好，結果這個三國第一大蠢才，最後被呂布殺死。至於王允之輩，雖具王佐之才略，也並非無為，只可惜使了一招美人計之後，便江郎才盡。董卓死後，便是袁紹，沮授曾勸他搶先一步，「挾天子而令諸侯，畜士馬以討不庭，誰能禦之！」把漢獻帝從洛陽迎到鄴縣，而袁紹竟然考慮到身邊有了漢獻帝，「從之則權輕，違之則拒命」的麻煩。而曹操卻不怕麻煩，相反他從來就沒感到麻煩，他明白天子這張王牌的真正作用。由此可見，曹操挾天子以令諸侯的遠見卓識。

其實在曹操出道之前，其眼光獨到已非同常人。時至董卓做亂，曹操是知天下必大亂的第一人，也是第一個散盡家私，招募義兵，首倡討伐董卓之人。可見此時，曹操已經先料天下之機，知道四方群雄會乘勢而起，這是打著天子旗號發展自己勢力的最佳時機。

討伐董卓一役，曹操不但首倡義兵，而且一出手便玩弄天下諸侯於股掌之間。如果說政治腐敗，宦官弄權，黃巾造反是天下大亂的徵兆，董卓亂朝充其量也只是亂朝，並未造成真正意義上的天下大亂。而借董卓亂政之機，會盟諸侯，興兵討伐，使得各路諸侯擁兵自立，相互火拚，才是真正天下大亂的開始。曹操在首倡義軍的同時，將十八路諸侯的盟主席位讓給了袁紹，這就使袁紹成為天下大亂的擋箭牌，以便趁亂為自己創造廣大的政治舞台和豐富的政治資源。

在漢獻帝當朝期間，中央政權命令對於關東諸侯毫無效果，這使得許多諸侯產生了皇帝無用的想法。但實際上，漢獻帝的天子身分在曹操的手中運用的淋漓盡致，或許說，挾天子不是最重要的，而挾天子之後的政治手腕才是最重要的。

其實曹操挾天子後的專制，比董卓、李傕有過之而無不及。曹操進洛陽後，以沒有糧食為藉口，鼓動皇帝來許昌。在天子控制在自己手中後，馬上表奏韓暹、張楊的罪狀。韓暹有獨斷驕橫之罪，而張楊則根本就是欲加之罪，只因張楊和呂布親善，而呂布之前剛和曹操對峙兵敗，張揚一度想救援呂布，得罪了曹操，這才是張楊的罪狀。而領兵在外的楊奉他也不放過，以天子的名義派大軍進行討伐。先後誅殺侍中台崇、尚書馮碩、議郎趙彥，罷免三公，太尉楊彪、司空張喜，並封曾暗通自己的衛將軍董承等十三人為列侯。朝政為自己親信把持，不單已經成年的漢獻帝無法涉足，而跟隨漢獻帝忠心耿耿的百官公卿也不得實權，所用之人皆為曹操屬下。曹操挾天子高舉著匡扶漢室的旗幟，再憑著其強大的武力，儼然有中興之勢，各地勢力凡是與曹操勢力對抗者，均被視為反叛對抗朝廷。

從歷史的角度來看，曹操必定是個不可多得的治世能臣。然而由於「挾天子以令諸侯」的原因也背負起「漢賊」的罵名。的確，曹操打著天子的旗號馳騁疆場、南征北戰的目的絕不是如其所聲稱的那樣為了匡復漢室，而只是為了曹魏集團的利益，為了謀取天下霸主的地位。因此，他並不在乎是否去做稱不稱帝表面文章，實際上他是要獨攬大權，使文武百官全部臣服於他，為此，他便要用各種手段來營建個人的絕對權威。事實也證明了，只有曹操建立的魏國具有統一天下的能力。

曹操一生有功有過，但誰也不能否認，他是政治博弈中運籌謀略、鞭撻宇內的一代豪傑。

中國歷史上每逢亂世，往往總會上演挾天子以令諸侯的劇碼。一些諸、軍閥以尊王的旗幟做掩護，以實現其圖謀霸業的目的。上篇文中的齊桓公是首倡這種政治策略的人，用歷史演進的辯證法則來評判，這未嘗不是由天下大亂達到天下大治的有效途徑。況且東漢政權雖已如大廈將傾，但漢獻帝作為國家最高權力的象徵仍有影響，誰能把皇帝控制在手，誰就有發號施令的主動權，猶如搶到了一把自己專用的尚方寶劍。

箴言：「善戰者，求之於勢，不責於人，故能擇人而任勢。」—孫子

一場和平的權利移交——「被迫」當上皇帝的趙匡胤

古往今來的博弈中，誰能找個冠冕堂皇的理由而師出有名，誰就爭取到了主動。這是向社會宣示在即將開始的交鋒中自己是正義之師，從而獲取正當的名分，得到廣泛的支持，為王者之師奠定勝利的基礎。趙匡胤是中國歷史上第一個自稱為「被迫」當上皇帝的人，他的成功就是由於在陳橋「黃袍加身」時，打著被逼無奈的代周稱帝，而非有意篡權的招牌來創建宋室的。從此，在一場和平的權力交接中，結束了唐末五代以來割據混亂的局面，開闢了宋史三百多年的江山。

唐亡之後，天下大亂，五十三年間，中原地區後梁、後唐、後晉、後漢、後周五個朝代相繼更替，史稱「五代」，這些朝代最長的不過十七年，最短的只有五年，前後更換了八姓十四君。政局之所以如此混亂，是由於唐代後期，逐漸形成軍閥割據的局面，當統一的象徵唐王朝轟然垮台之後，獨霸一方的軍閥便成了無頭蒼蠅，今天我起兵打倒你，明天我又被新的兵變推翻，新興的遼國還常常趁火打劫，真是「亂哄哄你方唱罷我登台」。老百姓受夠了戰亂之苦，只求早日安定下來。

後周顯德六年（西元九五九年），周世宗英年早逝，臨死前他拉著宰相范質等人的手，流著眼淚把七歲的兒子託付給他們，心裏真是一百個不放心。第二年的正月初一，朝廷的賀歲大禮還未結束，一匹快馬便送來一個緊急情報，說是遼兵勾結北漢入侵，很快將南下。七歲的小皇帝哪知軍國大事，懦弱的皇太后沒了主意，叫來宰相范質、王溥商量，兩人主張派殿前都點檢趙匡胤領兵抵禦，馬上出發。

消息傳出，京城騷動起來。眼下這局勢和後漢末是何等的相似。當初，那郭威就是領兵出征抗遼，在途中披上撕裂的黃旗，當上皇帝回京的。於是開封城裏一個流言不脛而走：「出軍之日，當立點檢為天子。」老百姓人心惶惶，因為每次改朝換代，新天子往往縱容驕兵在城中大肆搶奪，稱為「夯市」，因此，許多富人慌忙捲起細軟逃往城外。

初三一早，趙匡胤率軍出征，走到開封東北四十里外的陳橋驛，便下令宿營。黃昏時，趙匡胤的士兵發現有人在對著夕陽指指點點，仔細一看，原來是軍中號稱會算命的苗先生，他好奇地問：「苗先生，看什麼呢？」苗先生神秘地擺擺手，說：「可別大聲嚷嚷！你仔細看看，這太陽下面還有一個太陽的影子，這是天命，要應在點檢身上，改朝換代就在眼前了。」那士兵聞言眼睛都直了，回到營中，於是一傳十，十傳百，晚飯還沒吃完，流言便傳遍了整個軍營。

這天夜裏，那趙匡胤卻像沒事人似的，喝了幾杯濁酒就推說頭暈，自回帳中去睡了。眾將橫豎睡不著，便聚在一起飲酒。一位將軍站了起來，藉著酒意道破了大家的心思：「諸位，如今天子幼弱，不能親政。我輩再怎麼拚命為國抗敵，也無人知道，還不如先把點檢立為天子，再去抗敵不遲！」頓時，帳中就像炸開的油鍋，吵成一團。有人把趙匡胤的弟弟趙匡義和親信趙普叫來一起商議。趙匡義假意勸了幾聲，趙普則說：「如今主少國疑，當然不能制服眾人；而點檢在軍內外都享有崇高威望，一入京城就能順利繼位。今夜安排好，明晨就可行事。」眾將齊聲叫好，便分頭行動起來。

東方欲曉之時，士兵們都被叫起穿戴好盔甲，把趙匡胤的營帳團團圍住，呼叫聲震動了原野。趙匡義和趙普衝進營帳，趙匡胤這才起身，隨後眾人也一擁而上，有人把準備好的黃袍披在他身上，全軍大呼萬歲，隨即擁他上馬向京城騎去。趙匡胤假作苦苦推辭，眾人自然不允，趙匡胤便乘機提出要求：「你們自己貪圖富貴，立我為天子。如果能聽從我命令，進城不濫殺搶掠，我就當皇帝，否則不當。」眾人下馬立誓遵命。

大軍浩浩蕩蕩騎回京城，朝廷大臣亂成一團。面對宰相范質等，趙匡胤一把鼻涕一把眼淚地訴說自己如何迫不得已，他手下的大將卻亮出兵刃以死相逼，范質等只好率百官跪下，周恭帝讓了位。

隨即舉行了禪代禮，事先甚至連禪位詔書都準備好了。趙匡胤正式繼位做了皇帝，國號叫宋，改年號為建隆，定都開封，又稱東京。整個過程基本是和平的，京城百姓沒有受到驚擾，街市上一切照舊，人們感到和過去的兵變大不一樣。一場「黃袍加身」的鬧劇就這麼結束了。

趙匡胤在不到一年的時間內，就穩定了內部政局，但是在宋的轄區外，北方有契丹族建立的強大的遼政權和其控制下的北漢，南方有佔據江漢一隅的南平、佔據湖南十四州的武平、據有兩川、漢中四十五州的後蜀、據有嶺南六十州的南漢、據有江淮地區的南唐、據有兩浙地區的吳越等割據政權。這一客觀形勢，不能不使趙匡胤深深感覺到臥榻之側，皆他人家也。因此，一當政局穩定之後，「被迫」代周為帝的趙匡胤就開始考慮如何把周世宗統一中國的願望繼續進行下去。自西元九六三年至西元九七九年，經過十六年的戰爭，結束了自唐朝安史之亂以來五十多年的藩鎮割據和五代十國的分裂局面。

富貴險中求，趙匡胤一念成福，造就兩宋三百餘年基業，確實是其個人奮鬥史上一個具大的業績。推論「翊戴」之功，石守信、高懷德、張令鐸、王審錡、張光翰、趙彥徽皆得授節度使位號，細究這些功臣的原職，皆是殿前都指揮使、騎軍都指揮使、殿前都虞侯這樣的京城禁軍大小頭目，所有這一切，均明白無誤地透露著一個資訊：陳橋兵變是一場精心策劃的不折不扣的政變。歷史上的「大事」，往往前一齣是「正劇」，後一齣摹仿的是「喜劇」，偏偏「黃袍加身」這齣大戲，郭威和趙匡胤都是一場「正劇」，且青出於藍，而勝於藍。

箴言：「師出有名。」——《禮記·檀弓上》

打著「替天行道」的招牌

——洪秀全的「天國」之夢

中國歷史上的農民起義，歷朝歷代並不少見。但起義者，起於義卻不能達於義，意在破舊卻無力立新，至多必然不義的舊秩序下，一切都沒有實質性的進展。他們沒有目標，沒有方向，起義本質上是消極的抵擋，無奈的民權運動。因為其弱小而輕賤，而欺侮，或同意欺侮它的國民的國家，是不正義的國家，而它乏於權利，又貧於自由的國民，並不覬覦那把皇帝老兒的龍椅：他們不懂那是什麼！他們供養著他們的國家，只求他們的國家把他們當人看，念在這份供養與服從，不要不仁不義，至少讓他們活下去。求之不得的情況下，除了以毫無深謀遠慮的暴力來抵擋暴力，再無別的現實選擇，除了以活著做為信念和目標，再無什麼深遠的野心。他們中間沒有提供思想的領袖人物，各自為政，彼此不能聯合，沒有思想的指導，不能由狹隘的局部利益跳出來，來到一個更廣闊的受苦階級的利益上來。

內部講義氣而非講正義，有宗派而無思想，思想不足以支撐自身，也不足以贏得天下，武力不足以征服天下，未及得天下就以分崩離析或是慘烈的鮮血而告終了；或者把弄權者推上天，自己再落回地獄，一切又按照舊秩序運轉起來，他們至始至終都不知自己最終真正需要的究竟是什麼。太平天國運動就是中國近代史上規模巨大，波瀾壯闊的一次偉大的反封建反侵略的農民革命戰爭。但由於受階級和時代的局限，農民階級不能領導中國革命取得勝利。

洪秀全為尋求更有效地推翻清王朝黑暗統治的鬥爭形式，祭起了「上帝」的旗幟，借來了基督教的某些教義，並親自寫下了《原道救世歌》、《原道醒世訓》等訓誡，公然宣稱「亂極則治，暗極則光，天之道也。於今夜退日升矣……行見天下一家，共用太平」。

在組織方式上，宣稱洪秀全是上帝次子，耶穌之弟，是「真命天子」，受命下凡，「斬邪留正」。洪秀全是天上派來的世界萬國獨一真主，天父能附楊秀清之身下凡說話，天兄能附蕭朝貴之身下凡說話。

洪秀全以宗教的語言，來感化千百萬世代沉溺於愚昧之中的中國農民，使他們聚集在上帝的名下；以改朝換代為現實目標的革命行動，和宗教意識喚起的神秘衝動相結合，以上帝無所不知，無所不能，無所不在的超人間的力量，以人世間的關懷，萬事皆有天父主張，天兄擔當的責任架構，為自己的存在樹立了神學和世俗極致一統的至高無上的權威。

所以，當洪秀全以天王的名義號召天下兄弟姊妹「跳出邪謀之鬼門，循行上帝之真道」，打倒凡間所有「閻羅妖」，實現天下一家，共用太平的理想目標，進入一種有田同耕，有飯同食，有衣同穿，有錢同使，無處不均勻，無人不飽暖的大同世界，可謂天下舉一呼而百應，群雄影從。當時有民謠廣為流傳：「太陽出了三丈三，跟隨天王打江山，打平江山享天福，享了天福永無窮。」

但是，太平天國只是從西方基督教搬來了一些基本理論，並將其神聖化，但另一方面則力圖使這些理論服從自己的政治、思想的需要，不惜對其刪改。從更深層的意義上看，這種刪改的根本標準又是中國傳統文化的價值觀念。所以，上帝教本質上確實是太平天國進行改朝換代的工具。

西方基督本來就是一神教觀念，是三位一體的精巧邏輯思辨和不言自明的信念。而洪秀全的太平天國以中國傳統特有的宗法思想觀念，將天國理解為天父、天母、天兄、天嫂、次兄等譜系的宗法大家庭，當這種神譜體系的尊卑之別衍化為現實中洪秀全與楊秀清神權分離時，就蘊含著分裂內證的潛在趨勢。

洪秀全等人借助上帝的名義來實現構築天朝理想，只是立足於中國的小農立場。「從來所稱為華夏者，謂上帝之聲名在此也，又號為天朝者，為神國之京都於茲也。」由此可見，洪秀全本人也並不理解基督教教義。他的所有的政策都沒有得到過成功實施。事實上，這更加傾向於一個農民暴力政權。

取南京後，伴隨著小農思想意識的蔓延，從西方生吞活剝而來的宗教理想也隨之褪色，而代之以濃厚的封建觀念。原本都是上帝的孩子，大家都是平等的兄弟，而在「天京」，隨著偏安一隅的實現，諸王的心頭已湧起「王者」的意念，做為上帝的次子的洪秀全之下，諸王等級森嚴。「凡東王、北王、翼王各王駕出侯承相轎出，凡朝內軍中大小官員兵士如不迴避，冒充儀仗者，斬首不留，凡東王駕出，如各官兵士迴避不及當跪於道旁，如敢對面行走者斬首不留；凡檢點指揮各官轎出，卑小之官兵士，亦照路遇列王規矩，如不迴避或不跪道旁者斬首不留。」不僅如此，即使他們的妻子也有專門的封號，臣下對天王及各王的子女也有不同的稱呼，在君權神授的同時，三綱五常又回到了天國之中，在「上帝」的旗幟下建立起來的人間天國，終於又變成了新的等級森嚴的封建王朝。

特別是「天京事變」後，人們開始從血泊中驚醒：上帝第四子天父代言人楊秀清，居然被上帝第六子韋昌輝誅殺了，上帝第七子石達開又遭主猜忌、離京出走了，而幕後密謀操作的決策者竟是上帝次子、皇上帝洪秀全。這無疑是對上帝教的諷刺和嘲弄。「無所不知、無所不在」的上帝究竟在哪兒呢？上帝的兒子為什麼一個個死的死、走的走呢？上帝為什麼不出面阻止、拯救天國災難呢？天京軍民在迷茫中普遍產生信仰的動搖，另一首民謠也開始不脛而走：「天父殺天兄，江山打不通，長毛非正主，依舊讓咸豐。」

忠誠的信仰為對信仰的懷疑所代替，狂熱的感情轉為人心的冷漠、猜忌，上帝教失去了它原先的維繫力。到了太平天國後期，洪秀全仍然迷奉上帝，陷入狂想的天國而不能自拔，「朕天生真命主，不用兵而定奪太平一統」。直到天京被圍，危在旦夕時，洪秀全仍在極力神化他的作用，「朕奉上帝聖旨，天兄耶穌聖旨，下凡做天下萬國獨一真主，何懼之有！」「朕之天兵多過於水，何懼曾妖乎？」西元一八六四年，天京合圍後，城內糧食不足，洪秀全帶頭吃甜露(草團)充饑，因而致病。迨至臨死，仍然降詔：「大眾安心，朕即上天堂，向天父天兄領到天兵，保固天京。」同年六月一日，洪秀全病逝天京，清軍在城陷後將他的遺體炸掉。一場轟轟烈烈的運動終歸在狂想的「天國」中歸為幻想！

轟轟烈烈的太平天國運動歷時十四年，戰火燒及十多個省，終於在與封建勢力、帝國主義勢力的博弈中被絞殺了，最值得同情和懷念的還是那些犧牲的太平軍將士們，他們至死都還以為是在為一個美好的理想而奮鬥及獻身。面對那些數不清的亡靈，應該告訴他們：即使大清朝滅亡了，太平天國取得成功，他們看到的結局只能是一個：送走一個舊皇帝，迎來一個新皇帝。同時，英雄們用他們的熱血寫下了中國歷史上最輝煌的一頁，他們那種無與倫比的悲壯和前無古人的大無畏精神，以及他們用血肉的代價留下的經驗和教訓，都為後來的舊民主主義革命和新民主主義革命播下了火種。

箴言：「必先知政弊之因，方可言變法之利。」——歐陽修

第八章

利用可以利用的一切

在實踐當中，博弈可能包含一些相繼行動過程，也可能包含一些同步行動過程，因此須將技巧綜合起來，靈活運用，思考和決定自己最佳策略應該是什麼。身為博弈者，最佳的策略是在決定採取何種行動時，不但要根據自身的利益和目的行事，也要考慮到決策行為對其他人的可能影響，以及其他人的行為對自身的可能影響，並在遵守遊戲規則中利用可以利用的一切，選擇最佳的行為方式，從而最大程度地取得競爭優勢，獲得巨大的成效。

無風也能起大浪——張儀的「空頭支票」

歷史上有些聰明人謀局，都有「無風也起浪」的本領，也就是說要適當地無中生有，適當地編造謊言，以便達到博弈中的某種目的。在運用「無風也起浪」的過程中，也不必擔心對方日後會識破這種伎倆，因為那時的對手已敗下陣來了。

張儀是戰國時期堪與蘇秦相抗衡的另一位謀略大師。他是魏國人，與蘇秦是同窗好友，家世貧窮。後來他到了秦國，極力推銷他的連橫方略。張儀到秦國的時候，因為蘇秦的合縱策略已使秦國處於孤立境地，現在來了張儀，秦國就像得到了珍寶一般。針對盟約國合縱抗秦策略，張儀提出連橫之策。這是以一強攻眾弱的方針，集中一點就是要拆散六國合縱，憑藉自己的武力，將六國各個擊破。

首先張儀以重金賄賂齊、楚兩國相國，使齊、楚兩國與合縱盟約脫離，將韓、魏兩國孤立起來。當燕、趙、魏、韓四國決定聯合齊、楚共同抗秦的時候，齊、楚兩國卻按兵不動，結果四國之兵遭到慘敗。秦軍乘勢攻擊韓國，大敗韓軍，秦軍威懾力已讓六國膽寒。

在武力威脅的條件下，張儀又去遊說魏王，他說：「親兄弟尚且因爭權奪利而互相殘殺，六國各有利害，怎麼能聯合一致呢？」接著他威脅魏王，如果魏不屈服於秦，秦國當首先攻魏，魏國恐怕就難保了。魏王相信了張儀的詭辯，同意背叛合縱盟約和秦國和好。魏國屈服於秦，合縱破產。張儀再次建議秦軍伐韓，迫使韓國以太子倉做人質到秦國求和，六國中的韓、魏兩國第一次破壞了合縱謀略。

張儀連橫謀略實施的第二步是千方百計地破壞齊、楚聯盟。齊楚聯盟是秦國的心腹之患，而離間齊、楚聯盟，就成為秦向東擴張過程中的關鍵。於是，秦相張儀去拜見楚懷王。他對楚懷王說：「如果大王能夠與齊國斷絕關係，臣下將請求秦王把六百里地方獻給楚國。這樣，齊國就一定會被削弱，齊國被削弱了，大王就可以使役齊國。」楚懷王聽罷，十分高興地應允了。楚懷王被張儀承諾的所謂利益騙得團團轉，他被張儀承諾的「空頭支票」迷住了。但是，張儀對楚懷王所承諾的利益，從來就沒有實現過，只是釣他上鉤的誘餌。正是楚懷王的利慾薰心，頭腦簡單，使得他接連上了張儀兩次的當。

回秦後，張儀稱病三月不上朝，楚懷王得不到土地，以為秦認為楚與齊斷絕關係不夠堅決，因此特派勇士前去辱罵齊王。齊王大怒，一面與楚徹底斷交，一面派人入秦與秦王商議共同伐楚。秦國的目的達到，張儀見楚國使者，告訴他：「從某至某，廣袤六里送給楚王。」

楚懷王看到承諾的六百里土地，到頭來只兌現了百分之一就非常生氣，大罵張儀是出爾反爾的小人，氣沖沖地要興兵伐秦。結果楚軍大敗，戰敗消息傳來，楚懷王氣得發抖，簡直恨死了那個言而無信的張儀。

秦國大敗楚國之後，能夠與其抗衡的國家就只剩下了齊國。西元前三一一年，秦國派人與楚國談判：願分漢中之地予楚，以和楚結盟。然而，楚懷王對張儀耿耿於懷，寧可不要漢中之地，而要張儀以解心頭之恨。早就看出楚懷王弱智的張儀聞訊，欣然赴楚。張儀一到楚國就被楚懷王囚禁起來，準備殺掉以祭先祖。但張儀使用手段，透過楚國大夫靳尚，向楚懷王的夫人鄭袖說情，鄭袖請求把張儀放掉與秦和親。楚懷王受夫人蠱惑，又害怕得罪秦國，加上仍貪於土地，權衡再三，最後下令把張儀釋放，並且還以上賓的方式招待他。

張儀又趁機利用虛幻的利益來引誘楚懷王，他承諾說：「秦國出兵攻打衛都和陽晉，一定會堵塞天下的關口。大王出動全部軍隊去進攻宋國，不用幾個月宋國就可以拿下來，拿下了宋國，然後一直向東，那麼泗水邊的眾多小國就全歸大王所有了。」

為了打消楚懷王的疑慮，張儀又說：「現在秦國和楚國接境連界，本來是地緣親近的鄰國。大王如果能聽取我的意見，我將讓秦國太子到楚國做人質，楚國太子到秦國做人質，長久成為兄弟鄰邦，永世互不攻伐。我認為沒有比這更好的計策了。」

一席話說得楚懷王連連點頭稱是，楚懷王又收到了張儀的一張「空頭支票」，以為又有利益可得，於是馬上同意與秦和好，並送走了張儀。不久屈原出使歸來，問及楚懷王為什麼不殺張儀時，楚懷王才明白自己又上了當。派人去追，卻為時已晚了。

張儀用權術手段制服了楚國，後來又先後用不同的方法到齊、趙、燕等諸侯國，說服他們連橫親秦，最終使得六國合縱聯盟的破產。

張儀信口雌黃，向楚懷王大開「空頭支票」，可把楚懷王支應的暈頭轉向。那麼，楚懷王為什麼屢屢相信他呢？剖析一個深層原因，就會得出結論：因為楚懷王害怕強大的秦國，又總是對利益抱有一絲幻想。而張儀這個博弈場中的高手，就是借助身上籠罩著強秦的光環，知道楚懷王不敢與秦國翻臉，所以對張儀的許諾總是往好的方面想，寧可信其有，這其實是一種姑息的態度。張儀正是利用了楚懷王的這種心理，而保住了性命，並實現了自己的最終目的。

張儀運用縱橫之術，遊說於魏、楚、韓等國之間，利用各個諸侯國之間的矛盾，或為秦國拉攏，使其歸附於秦；或拆散其連盟，使其力量削弱。但整體來說，他是以秦國的利益為出發點的。在整個秦惠王時期，使秦國在外交上連連取得勝利，而且幫助秦國開拓了疆土，因此可以說他為秦國的強大和以後統一中國立下了汗馬功勞。儘管張儀不講信義，在外交場上運用「空頭支票」的欺騙伎倆，為人們所不齒，但僅從一個使者的角度來看，他利用對手的致命弱點，出色地完成了每一次的外交任務。而且成為縱橫家的一代鼻祖，為後世的外交家們在辭令和外交技巧等方面提供了一種範例。

箴言：「熟思則得其情，緩處則得其當。」──薛煊

走不出的迷局——三國中的連環計

中國是個謀略的國度，歷來不乏博弈智慧。在博弈進行過程中最為顯著的一個變化，就是交戰雙方的心智也會成為博弈當中的一個參與人。這個參與人會根據戰場形勢的變化、對手的舉動而採取不同的行動，導致真正的參與人的策略與行為發生改變，從而使其難以做出正確的決策；而另一方在此情況下將誘導博弈朝著對自己更有利的方向發展。即站在自己的立場上，無論對方如何選擇，都能讓自己得到最好的結果。

連環計是高難度的謀略計策，必須要有非常周密的策劃，環環相連，計計相扣，牽一環而動全域，任何一環出現失誤，將都會導致計畫的失敗。除了這一點，連環計還要有一個非常好的引子，把對手引入到圈套中來，想出去也出不去，這種引子一般都是針對人的某些弱點而設，比如好色、貪財、嫉妒、熱衷名利等。

東漢末年，太師董卓掌握實權，倒行逆施，激起極大的民怨。大司徒王允忍無可忍，決心殺死董卓。但董卓權大勢大，出入都有士兵保護，想要除掉他非用計不可，否則稍有不慎就會落得滿門抄斬的下場。

大司徒王允日夜尋思著除掉董卓的辦法，終於和義女貂禪想出了一個「美女連環計」。

董卓手下有一員大將叫呂布，勇猛善戰，無人能敵，深得董卓重用，經常隨董卓出入。呂布有貪財好色的毛病，王允決定先從呂布身上動手。

有一天，王允設宴款待呂布，並讓聰明美麗的貂蟬給呂布斟酒。貂蟬的天姿國色、舉手投足讓呂布看得都發呆了。王允看到這種情況便對呂布說：「將軍，我把您當做至親好友，才讓貂蟬與您相見。如果將軍不嫌棄，我想將貂蟬許配給您，不知您同意嗎？」呂布早就動心了，一聽這話，心花怒放，忙起身拜謝。王允說：「我這就選個好日子，把貂蟬送到將軍府中。」呂布喜形於色，一直看著貂蟬，貂蟬也故做高興狀，把含情脈脈的目光投向呂布。王允又說：「我本來想留將軍在我這裡過夜，恐怕董太師會疑心的。」呂布只好起身告辭。

過了幾天，王允又把董卓請到府中，故技重演，把貂嬋送給了董卓。

貂蟬進太師府的消息很快傳到呂布耳裏，他氣急敗壞立刻找到王允，大聲責罵。王允說董太師看中小女，他也沒有辦法。於是把呂布的妒火引向董卓。

呂布常偷偷地去董卓府中與貂蟬幽會，終於被董卓發現了，他怒火中燒，兩人差點火拚。而貂蟬卻反說呂布調戲她，有意激化矛盾。董卓聽了，恨不得一刀把呂布殺了，只是因為呂布是大將，還需要他為自己出力，只好強嚥下這口氣，只命令士兵將貂蟬嚴加看管起來，不准見任何人。

王允見時機差不多了，就把皇帝命令殺董卓的秘密詔書給呂布看，說：「董卓老賊，施弄淫威，罪該萬死。將軍若能棄暗投明，殺死老賊，必然得到皇帝重用，又可和貂蟬永遠在一起。」呂布當下表示同意，便和王允定下了殺董卓的計畫。結局已眾所周知，王允設計的一場經典的連環計完美結束。

再看赤壁之戰中的連環計。東吳決定聯劉抗曹，準備以自己擅長的水軍取勝。無奈曹操得到了蔡瑁、張允兩名水軍將領後，水軍也非常強大，使東吳無優勢可言，這讓周瑜很傷腦筋。

這時，曹操利用蔣幹與周瑜是老同學的關係，派蔣幹來東吳偵察軍情。周瑜決定將計就計，反過來利用蔣幹。

周瑜見老同學蔣幹到來，表示十分高興，擺酒接風，盡醉方罷，並邀蔣幹同榻抵足共眠，有意偽造了一封蔡瑁、張允的來信，放在帳內桌上。蔡瑁、張允原是荊州水軍頭目，被曹操收降後，現任曹軍水軍正、副都督。蔣幹發現蔡瑁、張允給孫權的信，大為吃驚。於是將書信偷走，趁天未明，駕船返回曹營報告曹操。曹操果然中計斬了蔡瑁、張允，使曹營水軍完全失去了內行的指揮。周瑜所用的第一計成功。

接著又用第二計。東吳老將黃蓋自願承擔了這個任務，有一天諸將列班於都督周瑜的案前，周瑜有意說道：「曹軍勢眾，非一日可破，各將領取三十日糧草，準備禦敵。」黃蓋出班頂撞周瑜，說：「莫說三十日糧草，就是三十個月也不頂事，不能破敵，就不如投降。」周瑜以有違軍令，號令斬首，眾將苦求才免於死，但仍下令處罰一百軍棍。打到五十下，黃蓋已經不支，眾將又求減免才停刑。原來黃蓋早囑託闞澤去曹營送詐降書，曹操心中狐疑，於是，黃蓋與周瑜決定演出一齣苦肉計，當曹操聽到他的密探彙報關於黃蓋被辱打的事情後，他才釋疑而信任闞澤。雙方約定，到時船上插有青牙旗的，便是黃蓋率眾來降，曹操深信不疑。

曹操第二次派蔣幹到江東探聽虛實，這時恰好龐士元向周瑜說出：「願到曹營說服曹操用鐵環鎖戰船，引他上當的計謀。」周瑜正愁無人引薦龐士元給曹操，蔣幹一到，周瑜喜不自勝，立即加以佈置。周瑜故意一見面就指責蔣幹前次盜信逃走誤了大事，致使曹操殺了為東吳服務的蔡瑁、張允。大戰即將開始，這次不能再讓蔣幹回去，命令士卒備馬，送蔣幹到西山寺暫住幾日。不容蔣幹開口，周瑜就走開了。

蔣幹在西山寺，又不期而遇到一位風貌古傲的中年先生在讀兵法。蔣幹即扣門求見，兩人敘禮交談，才知道讀兵法的乃是鳳雛龐士元。蔣幹久仰龐士元的大名，只恨無緣相見，今日在此深山古寺偶遇，自然喜出望外。蔣幹為了在曹操面前邀功，極力勸龐士元過江，要把他推薦給曹操。這正合了龐士元的意，於是龐士元欣然與蔣幹駕舟去了曹營。

蔣幹拜見曹操，將龐士元保舉，曹操也大喜，並邀龐士元觀看營寨。看了水軍營寨之後，龐士元向曹操獻計說：「北方人不習水戰，蓋因船中顛簸，如能將大小戰船，分排分列，用鐵環扣緊，船面再鋪上木板，各船連為一體即可穩如平地，北方人行船不再吃苦頭了。」曹操一想，確是好計，立即命令軍中鐵匠連夜趕造，不日即成，曹操命令水軍，每船用鐵環扣牢，鋪上木板，果然安穩如平地一般。不久，雙方在赤壁開戰。

一開始，曹營中士兵由於水土不服，流行瘟疫，令曹軍戰鬥力削減，初次交鋒曹軍失利，退駐長江北岸，這時周瑜等進駐長江南岸對峙。黃蓋向周瑜說：「乘曹軍的船隻已連接起來，擠在一堆，我用火攻，曹軍將敗走。」周瑜稱是。於是黃蓋用蒙衝鬥艦十艘，運載荻草枯柴，澆油於上，用布帷遮掩，船後預備了小船，按曹操所約，上插青牙旗，派人送信給曹操，詐稱是前來投降。

這時，東南風刮得正強。曹軍官兵都出營寨觀看，手指著青牙旗幟，說這是黃蓋投降來了，也不做戒備。黃蓋待船到了離曹營水寨不遠的地方，就將十艘蒙衝鬥艦的引火物點燃，風很大，火勢猛，船順風勢，像箭一般地駛向曹營水寨。曹軍損失慘重。

赤壁大戰，周瑜一連用了幾計，故謂之連環計。正因為周瑜設了這連環計，才使孫、劉聯軍在敵眾我寡的情況下，輕鬆取得了戰爭的勝利。

連環計是謀略的綜合運用。《兵法圓機》說：「大凡用兵者，非一計之可孤行，必有數計以襄之也。以數計襄一計，由千百計練數計……故善用兵者，行計務實施，運巧必防損，立謀慮中變。」按語指出的「一計累敵，一計攻敵」，是指連環計的指導思想，不可生硬地把它理解為拖累和攻殺兩個招法的簡單相加。即使就拖累而言，為了形成敵方的自我拖累，也是大有文章可做的，比如誘之以利，使敵人上鉤；迭施一計，引發兩股或多股敵人對利誘產生共同的興趣，進而形成爭利的局面，這就是相牽相鉗、互拖互累；追加一計，使敵人為利而鬥，自相殘殺；再附之以隔岸觀火，一俟時機成熟乘勝出擊，如此計計相隨，招招相牽，一步步把敵人逼向絕路。

箴言：「兵者，詭道也。」—孫子

蒙蔽對手乘虛而入——司馬懿「高平陵之變」

資訊是博弈中的一個重要因素。資訊是否完全掌握、是否真實與準確，都會給博弈的勝負帶來重要的影響。在博弈中自己能夠把握資訊，控制資訊，利用資訊來蒙蔽對手，讓對手蒙在鼓裏，是一種高明的策略。歷史上就有不少智者都使用過這一策略，司馬懿便是其中的一位高手。

司馬懿在中國歷史也是家喻戶曉的人物，街亭一戰，諸葛亮玩了個「空城計」的小花招，他中計上當，退兵三十里；可是到了五丈原，他採取以守為攻的辦法，不理睬諸葛亮的激將之法，硬是活活耗死了諸葛亮。在三國那群星燦爛的政治軍事舞台上，他也算是出類拔萃的一位，曹操對他都另眼看待。曹操之子曹丕當了皇上，更是將他倚為朝廷的柱石，曹丕死時，囑他輔佐新君曹睿；曹睿死時，又囑他輔佐下一代新君年僅八歲的曹芳。司馬懿真可謂魏王朝的三朝元老，同時受命輔佐曹芳的還有大將軍曹爽。

二人實際共同掌握了曹魏的軍政大權。他倆各領精兵三千餘人，輪番在殿中執掌。曹爽雖為宗室皇族，但資歷、聲望、經驗、才幹均遠不如司馬懿，所以曹爽開始還不得不倚重司馬懿，對他以長輩相待，躬身卑下，每事必問，不敢獨斷專行，二人關係還算和睦。

當時，曹爽手下有一批心腹，其中畢軌、何晏、鄧揚、丁謐等常在曹爽周圍，為他出謀劃策。他們不斷向曹爽進言，認為司馬懿有一定野心，而且在社會上有很高聲望，對皇室是潛在的威脅，不可對他推誠信任。

曹爽遂於景初三年（西元二三九年）二月，使魏帝下詔，表面推崇司馬懿說他德高望重，理應位至極品，因此從太尉升為太傅。這一明升暗降的辦法，使司馬懿的兵權被剝奪，實際權勢被架空。以後尚書奏事，均先經過曹爽，大權遂為其所獨攬。緊接著，曹爽又將其三個弟弟和自己的心腹都安排在比較重要的職位，執掌實權；朝中要職全為曹爽之流控制，一時曹爽權傾朝野，滿門稱賀。

對於曹爽及其黨羽的奪權之舉，司馬懿早已看破其用心，司馬懿出山以來，苦心經營多年，根基也很深厚，當然不可能善罷甘休，二者之間的矛盾已經比較明顯了。但司馬懿並未一怒而起，他洞察形勢，認為自己目前處於不利地位，曹爽身為宗室而自己卻為外姓，是曹氏政權猜忌防範的對象，不可馬上採取過激的對抗行動。於是，面對曹爽咄咄逼人的進攻聲勢，司馬懿以退為守，收鋒斂芒，藏形隱跡，一退再退，把政權拱手讓給曹爽；並以年老病弱為由，不問政事。事實上，這時的司馬懿正逐漸傳達給曹爽一個錯誤資訊：我無意與你奪權。這使得曹爽的政治警惕逐漸放鬆，自以為大權在握，可以不用擔心的尋歡作樂、縱情聲色，名聲也就一落千丈了。後來曹爽對司馬懿的病感到有些懷疑，恐怕其中有詐，正巧此時曹爽的親信李勝將出任荊州刺史，曹爽命他向司馬懿辭別，乘機觀察司馬懿生病的真相。

司馬懿知道曹爽派李勝辭行的用意，並將計就計，故意表現了一副衰病之容。他躺在病床上，兩個婢女在他身邊服侍，他想拿衣服來穿，但卻由於手抖而使衣服滑落在地上。他指口言渴，婢女端進粥來，他只能勉強將嘴湊到碗邊，讓婢女一勺勺地餵自己，稀粥沿著他的嘴角流得胸前衣襟到處都是，樣子十分狼狽。李勝對司馬懿說：「這次蒙皇上恩典，派我擔任荊州刺史，特來向太傅告辭。」司馬懿假裝眼昏耳聾，故意將荊州聽成並州，他說：「那就委屈你了，並州在北方，接近胡人，你要好好防備啊。我病重得快要不行了，恐怕今後見不到你了。」李勝又大聲解釋說：「我是到荊州赴任，而不是去並州。」司馬懿又故意錯解其意說：「哦，你是剛從並州來！」李勝只得加大嗓門，大聲重複一遍。這一次司馬懿裝做才聽清楚的樣子，嘆息著說：「唉，我實在是年紀老了，耳朵聾聽不清楚你的話。你調任家鄉荊州刺史，真是太好了，應該好好建功立業。」李勝回到曹爽那裡，將親眼所見向曹爽詳細報告。這時，假象已經完全蒙蔽了曹爽，使曹爽對司馬懿已經毫無防備。曹爽聽了，內心十分歡喜，從此自認為可以高枕無憂了。

嘉平元年（西元二四九年）正月，魏帝按慣例將率宗室及朝中文武大臣，到城外祭掃魏明帝的陵墓。司馬懿既然病得厲害，當然也沒有人請他去。喪失警惕、思想麻痹的曹爽兄弟及其親信，都前呼後擁地跟著小皇帝曹芳去了。久已裝病臥床不起的司馬懿認為時機已到，他乘這次曹爽勢力傾巢出動之機，將長期周密策劃，精心準備的力量積聚起來，發動了政變。他和他的兒子司馬師、司馬昭，率部眾以迅雷不及掩耳之勢，佔領了城門、兵庫等戰略要地和重要場所，並上奏永寧太后，廢免曹爽大將軍的職務，剝奪了他們的兵權。又親率太尉蔣濟等勒兵屯於洛水浮橋，派人給魏帝呈上司馬懿要求罷免曹爽的奏章。曹爽及其親信黨羽慌了手腳，不但沒有組織有效的反抗，又輕信了司馬懿的勸降之言，認為雖然免官，但仍不失為一富家翁。最後乖乖地交出了兵權，束手就擒。等回到京師，司馬懿即以謀反罪名，將曹爽一夥投入監獄，不久全部處死。這是司馬懿發動的一次有名的政變，史稱「高平陵之變」。

二月，魏帝晉封司馬懿為承相。十二月又加九錫之禮，享受朝會不拜的殊禮。自此司馬懿威震朝野，實際掌握了曹氏政權的軍政實權。這樣一來，魏國的政權名義上還是曹氏的，實際上已經轉到司馬氏手裏。在這場博弈中，司馬懿的老辣果決，曹爽的輕浮萎頓，令人一目了然。

政變是專制時代統治階級內部政治鬥爭的一種最高表現形式，由於它是奪取國家最高權力的一種鬥爭，具有極大的誘惑力，也具有極大的危險。因此，任何一次政變的發動者，無不經過精心準備，周密計畫。這樣還是有許多人陰謀敗露，功敗垂成，留下了千古的罵名。

而司馬懿成功了，探討一下他成功的原因，也許可以窺出決定政變成敗的諸多因素。

等待時機。當司馬懿被曹爽排擠之初，他完全可以和曹爽進行一次較量，但是他沒有那麼做，等了長達九年的時間。在這九年中，曹爽倒行逆施，腐朽無能的本質得到充分暴露，天下失望，人民怨憤，而司馬懿卻聲譽日隆，被看成國家的柱石，輿論傾向於他這一邊。

突然襲擊。政變的醞釀時間可以很長，但政變的實施時間一定要短，要在對方全然沒有準備的情況下，打他個猝不及防，速戰速決，絲毫不能拖泥帶水。

兵權問題。這是決定政變成敗的頭等大事，是任何一位政變發動者首先要解決的問題。政變既要以武力做後盾，也要以武力開路。

暴露罪名。任何政變的發動者，為了顯示自己是正義之手，總要暴露對手的罪名。如果對手的確惡名昭彰，自可大肆宣揚；如果對手名不當罪，便添油加醋。

然而，司馬懿取得政變成功最重要的還是倚賴於其成功的利用虛假資訊蒙蔽了對手，使對手放鬆了警惕，從而「大意失荊州」。可見，博弈中任何一個微小的資訊都要認真分析，辨其真假，以免疏漏被蒙蔽。

箴言：「攻其不備，出其不意。」——孫子

巧用矛盾的平衡術——乾隆辣手瓦解朋黨之爭

在一個社會中，存在不同的利益主體，他們為了自己的經濟和社會利益每天都在進行各式各樣的博弈，有些是良性的博弈，有些是惡性的博弈。他們在博弈中的地位是各不同的，有高有低，有強有弱。但是由於採用的博弈方式和道路不同，博弈的結果卻完全相反。因此，這就要求智者在既定的博弈格局中，對參與博弈的各利益主體分別採取最好的和最優的策略，並隨時對博弈格局的不同階段進行相應的策略修正，以使博弈各方的力量達到均衡，由此形成的對自己有利的結果。乾隆就是利用朋黨間的矛盾，巧施平衡術，最後達到瓦解朋黨，從而鞏固自己的統治地位的結局，實可謂博弈中的佼佼者。

朋黨之爭一直是歷代統治者深感頭痛的棘手問題，即使到了清朝也不例外。如順治時期的南黨與北黨之爭，康熙時期的明珠、索額圖之間的爭鬥。雍正時期，鄂爾泰、張廷玉兩大集團的爭鬥則更為甚，一直延續到乾隆朝，並且越演越烈，最後不得不採取嚴厲措施予以打擊，以鞏固皇權。

雍正駕崩時，遺詔莊親王允祿、果親王允禮和大學士鄂爾泰、張廷玉四人輔政，乾隆三年（西元一七三八年）允禮病逝，次年允祿因謀反被削爵，輔政四臣就只剩下鄂爾泰和張廷玉兩人。

鄂爾泰是滿洲鑲藍旗人，當年雍正尚未繼位，曾向鄂爾泰索取財物遭到拒絕，因此雍正對他格外器重，登基後委以重任，於雍正十年（西元一七三二年）升至首席軍機大臣，授保和殿大學士。由於其地位和權勢的上升，一些滿洲官僚相繼依附，一部分漢族官吏也投靠到鄂爾泰麾下，由此形成了一個龐大的政治集團。

張廷玉是大學士張英之子，雍正對他的文采十分賞識，令其教授皇子，授禮部尚書，不久兼翰林院掌院學士並調戶部任職。此後張廷玉又被授予文淵閣大學士、文華殿大學士、保和殿大學士等官職。雍正八年（西元一七三〇年）設立軍機處，由張廷玉負責制定軍機處的相關制度，可見其在雍正朝是如何地備受矚目。

對鄂爾泰和張廷玉這兩位重臣，雍正給予了極高的待遇，雍正八年頒布諭旨，賜鄂爾泰和張廷玉死後配享太廟。在封建王朝，這顯然是皇帝賜給大臣的最高榮譽和獎賞。乾隆繼位後，也同樣敬重兩位老臣，於第二年同封二人三等伯。

基於兩位皇帝的恩寵，鄂爾泰和張廷玉二人更加無所顧忌，他們開始暗中培植自己的勢力，對此乾隆當然也是明察在心。面對鄂、張兩黨勢力的膨脹和明爭暗鬥，乾隆當然不會聽之任之。再說他本人對結黨營私的行為十分痛恨，經常以歷史上的教訓告誡臣下：「明季科目，官官相護，甚至分門植黨，僨事誤公，惡習牢不可破，乃聯所深惡而痛斥者。」

但是，乾隆對鄂、張二黨並沒有立即採取措施，而是讓其相互牽制，並採取利用、限制到最後剷除的策略，步步進逼，顯示了其高超的統治策略。

乾隆繼位後，繼續實行雍正帝的「改土歸流」政策。不久，張照政策實施失利，朝廷又起用鄂黨的張廣泗負責西南事務。鄂黨於是乘此良機也上書彈劾張照，欲治張照於死地。

乾隆雖然支援鄂爾泰的「改土歸流」建議，但他並不希望一派完全壓倒另一派，而是儘量讓兩大派系的勢力保持平衡，使他們共同效忠於自己。因此，當鄂爾泰要求處死張照時，乾隆並沒有採納，而是說：「鄂爾泰欲置伊（即張照）於死地。聯若聽此言，張照豈獲生全？」

乾隆不僅沒有殺張照，相反還命其在武英殿修書處行走，後又任為吏部大臣。在乾隆看來，讓兩大政治集團勢均力敵，不但可以利用兩派中的優秀人才，而且如果能使鄂爾泰、張廷玉醒悟感化，放棄黨爭而成為賢臣，那將是再好不過的事情。可惜，鄂、張二黨及其本人的舉動令乾隆大失所望，惱怒之餘，他不得不放棄感化策略，而採取威嚴打擊的措施。

乾隆六年（西元一七四一年），鄂黨派人士仲永檀誣告張黨集團接受京城宮商俞氏賄銀，將矛頭直指張廷玉及其黨羽。對於這次指控，乾隆並不相信，經過調查純屬烏有之事，但被牽進此案的提督鄂善卻被查出確實收受賄銀一千兩，結果被處死，而揭發有功的仲永檀也被任命為金都御史，乾隆還頒諭嘉獎他：「自今以後，居言官之職者，皆當以仲永檀為法，不必畏首畏尾。」

仲永檀彈劾張黨未遂，又將矛頭對準張照，說張黨利用職權洩秘。「向來密奏留中事件，外間旋即知之。此必有串通左右，暗為宣洩者。是權要有耳目，朝廷將不復有耳目矣。」這裡所說的「權要」，就是指張黨首領張廷玉。

對於這一指控，乾隆也不相信，他當即指出：「鄂爾泰填密之處，不如張廷玉。」言外之意是：張黨雖有洩密，但鄂黨更甚。仲永檀彈劾不中，張照立即反擊。他探知仲永檀曾將日中密奏的疏稿內容洩露給鄂爾泰之子鄂容安，於是上疏揭發。乾隆聞奏，即命張廷玉協同其他大臣及三位親王審理此案，結果查實仲永檀、鄂容安二人往來親密，確實有過嚴重洩密之事。

對此張照建議擴大調查範圍，企圖將鄂爾泰也牽扯進來，將鄂黨一網打盡。但乾隆深知此時如果剷除鄂黨，勢必會使得張黨更加無所忌憚。因此他決定從寬發落，只是將仲永檀下獄，鄂容安也僅令其退出南書房。

乾隆十年（西元一七四五年），鄂爾泰病死，但其勢力仍存。直到乾隆二十年（西元一七五五年）發生胡中藻文字獄，胡被斬。此案又牽連鄂爾泰之侄、甘肅巡撫鄂昌，乾隆令鄂昌自盡，加上鄂爾泰兩個兒子又相繼在平定準噶爾的戰爭中陣亡，至此鄂黨勢力從此銷聲匿跡。

在打擊鄂黨的同時，乾隆也加緊了對張黨的控制和打擊。為了不使張氏家族勢力過大，劉統勳建議不妨效仿先皇康熙的做法，「敕下大學士張廷玉，會同吏部衙門，將張、姚二姓部冊有名者，詳悉查明。其同姓不同宗，與遠房親誼不在此例。若系親房近友，累世密戚，現任之員開列奏聞，自命下之日為始，三年之內，停其升轉」。對這一建議，乾隆表示贊同。但為了不引起張黨的恐慌，乾隆又對張廷玉進行撫慰，開導張廷玉這樣做對他有益而無害，「今一經查議，人人皆知謹飭檢點，轉於大學士張廷玉有益」。

張廷玉在官場幾十年，當然知道皇上的真正意圖。於是他立即上疏請求辭去兼管吏部事務的職務，此後張廷玉又多次以年老乞退。直到乾隆十四年（西元一七四九年），乾隆才同意張廷玉請辭。

鄂爾泰、張廷玉兩黨之爭，前後持續幾十年，乾隆在初期，還要借助他們的力量處理朝政，所以對他們採取的是寬容和並用的策略。而當乾隆逐漸掌握朝廷權力，鞏固皇位之後，對這兩大勢力集團的爭權奪利就再也不能坐視不管了，於是他採取了一併控制、打擊的策略，同時又注意保持一定的限度，不致激起激烈的反抗。

在這一策略之下，乾隆終於剷除了兩大集團，牢牢地使大清政權掌握在自己一人手中，真正成為萬民之主。「治強易為謀，弱亂難為計。」要破除朋黨，做君主的就必須牢牢地緊握權勢，像決策權、財政權、刑賞權、用人權等要獨操於手，絕不能假借臣下；另一方面要採取有力的措施來削弱權臣。韓非曾言：「欲為其國，必伐其聚；不伐其聚，彼將聚眾。欲為其地，必適其賜；不適其賜，亂人求益。彼求我予，假仇人斧；假之不可，彼將用之以伐我。」指出君主要想治理好國家，必須像剷除雜草一樣清除朋黨；不這樣做，朋黨就會越來越多。對於大臣，賞賜一定要適合；如果賞賜不適當，大臣就會提出更多的要求。他們一提出要求，君主就滿足，這是增強大臣的實力，將會造成自我削弱，就像借斧子給仇人一樣。因此，君主要控制賞賜，尤其不能封賞土地來擴大臣子的實力，對有實力的大臣要採取削奪的措施。另外，還有的君主用朋黨之間的矛盾衝突，甚至製造矛盾來挑起衝突，促使朋黨相鬥，使之互相削弱，從而坐收其利。

箴言：「小事不糊塗之謂能，大事不糊塗之謂才。」—司馬光

看人下菜碟—「紅頂商人」胡雪巖的成功

俗話說：「商場如戰場。」這簡單直接的表達了商業競爭和戰爭之間，具有共同的特性和發展規律。的確，它們都是一種博弈和角力，都在搏擊中以戰勝對方做為主要目的，而且有一個彼此消長的過程。

在這一過程中，要想保持不被擊敗，就需要運用智慧不斷的改變自身的角色，利用博弈各方的方法分析競爭，實現競爭中的合作及共生共贏，改變博弈以及透過改變參加博弈各方的附加價值，使得競爭優勢朝向自己一方傾斜。

晚清的風雲變幻成就了一位聲名累累的大資本家—「紅頂商人」胡雪巖。胡雪巖集「財神爺」范蠡的致富技巧，「商人祖師」白圭的經營之術和「政商鼻祖」呂不韋的政商手段，三種才華於一身，周旋於官場、商場和洋場，歷經商海沉浮，得悟一套獨特的經商奇學—靈活變通官商之道，由此鑄就成無與倫此的輝煌商業，被慈禧太后賜予「二品頂戴」，被譽為「紅頂商人」。胡雪巖一生成就大事的不傳之秘，就是其靈活變通官商之道。

胡雪巖在人們心中，其最大的特點就是「官商」，也就是人們說的「紅頂商人」。他對付當時的朝廷是很有一套的，因為他深深地參投了中國的現實。對於洋人和洋務，胡雪巖能否遊刃有餘呢？畢竟洋人不同於中國人。

胡雪巖圓柔的處世哲學，深得中國傳統為人處世之個中滋味，因而在複雜的社會及商務活動中左右逢源。

因此，胡雪巖的飛黃騰達便不難理解了。所謂的圓就是圓通、圓活、圓融、圓滿，圍繞著這一個「圓」字，做足了通、活、融、滿，一個喜氣洋洋的大善人型富商大賈的形象便躍然而出了。大家怎麼說，我就怎麼說；大家怎麼做，我就怎麼做。體察了人心的喜怒哀樂，順隨了人們的愛憎善惡。做到了這兩點，萬事無不可遂，人心無不可得。

胡雪巖的確有一天然優勢，就是對整個時事有先人一步的瞭解和把握，所以能先於別人籌畫出應對措施。有了這一先機，胡雪巖就能開風氣、佔地利、享天時，逐益己之利。胡雪巖因為佔了先機，所以從容應對。這與在紛亂時事中茫然無措的人們相比照，胡雪巖的優勢便顯現出來。

對形勢的獨到分析和判斷，胡雪巖決定依靠官府。從王有齡開始，運漕糧、辦團練、收厘金、購軍火，到薛煥、何桂清籌畫中外聯合剿殺太平軍，最後還說動左宗棠，設置上海轉運局，幫助他西北平叛成功。由於幫助官府有功，才使胡雪巖的生意從南方做到北方，從錢莊做到藥品，從杭州做到外國。官府承認了胡雪巖的選擇和功績，也為胡雪巖提供了他從事商業所必須具有的自由選擇權。假如沒有官府的層層放任和保護，在這樣的一個封建帝國，胡雪巖必然處處受滯阻，他的商業投入也必然過大。而且由於投入過大和損耗太大，他的商業也不可能形成這麼大的一個規模。

對於清廷舊制，胡雪巖還有另外一層看法。更多的人只是畏懼官府，沒有想到駕馭官府。胡雪巖起初倒也不會有駕馭官府之想，但是在他所幫助的王有齡升官之後，他逐漸發現自己借王有齡獲得的便利甚多。首先是資金周轉便利，因為有了官府之流轉金做依託；其次發現官府的很多事自己卻可以以商業活動完成，即減少了官僚辦事的低效，自己也賺取了利潤；第三是自己借了官府之名，能做到許多以商人身分很難涉足之事。

所以後來胡雪巖對於利用舊制有了信心。開始他並不願捐官，認為生意人和做官的人在一起彆扭。後來想法變了，既然官府與生意有千絲萬縷的聯繫，那就不妨捐官，涉入官場。這樣做其實也是以最小投入，完成最大產出。這一想法使胡雪巖大大改變，由「圓柔」轉到「方剛」。

胡雪巖在人們心目中，其最大特點就是「官商」，也就是人們說的「紅頂商人」。這「紅頂」很具象徵意義，因為它是朝廷賞發的。戴上它，意味著胡雪巖受到了皇帝的恩寵。

事實上，它意味著皇帝肯定了胡雪巖所從事的商業活動的合法性。既然皇帝是至高無上的，皇帝所保護的人自然也不應受到掣肘。從另一個角度看，皇帝的至高無上也保證了被保護人的信譽，所以王公大臣才能很放心地把大把銀子存入胡雪巖的阜康錢莊。

胡雪巖一面獲得了信用，另一方面也清掃了在封建時代無所不在的對商人的干預，所以才能讓他如同一個真正的商人那樣從事商業活動。

照胡雪巖的看法，就是商人對客戶講信用，官府對朝廷講良心。商人只管自己是否說了話算數，是對自己的服務物件來講的。官府只管自己做事是否對得起朝廷，兩者物件不同，原則不同，假如各行其事，各司其職，整個過程便井然有序。否則就只會增加混亂，而於事無補。

此外，還有更重要的一點，就是胡雪巖有審時度勢的獨到眼光，深悟世道的權變之理，善於在亂世之中「變」。這裡倒不是說胡雪巖有異於常人的眼光，事先就有了一個特殊的籌畫。和當時所有的人一樣，胡雪巖對各種紛亂局勢的認識也是逐步漸進的。當他剛接觸洋人時，他心目中的洋人同樣非常神秘、新奇。但是隨著交往的增多，他逐漸領悟到洋人也不過利之所趨，所以只可使由之，不可放縱之。到後來發展到互惠互利，其間的過程是一步一步變化的。

對於洋人和洋務，胡雪巖因為身處沿海，最先看到洋人的堅船利炮，便最先與洋人打交道。當然，在與洋人打交道時，他感受最深的一點就是洋人的政府與清朝政府不一樣。這是他得出的非常重要的資訊資源。對清政府來說，商人稍有利潤，它就想來分沾你的好處，恨不得一口把你吞下去；一旦好處得不到，他便處處給商人使絆，使你不得安全，直到讓你破產。而洋人的政府，則幫助洋人做生意。你沒錢它放款給你，你越洋做生意它會派軍艦保護你。一旦中國人欠了錢，它就把槍炮對準中國的城市，甚至自己的商人無理，它還處處袒護。

對於洋商人在胡雪巖眼中，也有他們的非常突出的好處。他們的好處就是講道理，講信用。你認認真真去和他做生意，他也就認認真真和你談，不會想到生意之外的歪點子。中國的商人就不同，他在商業上做不贏你，逮著機會他就會在其他方面坑你。比如利用地方流氓勢力，或是利用官府。

所以胡雪巖覺得，很多時候和中國自己商人打交道很吃力，和洋人打交道就很省勁兒。洋人的整個體制，已經大大減少了商人從事商業活動的成本。這樣倒過來看，胡雪巖的結論是非常準確的。於是，他根據自己的見識，制定了一整套適合洋人政府和洋商的策略和計謀。

比如，在和洋人打交道時，他也把信用放在第一位，努力爭取洋人的信任。當洋人認識到他是中國少有的講信譽的商人時，幾乎把所有的交易都給了他。試想，如果胡雪巖對洋人仍然像對待國內商人那樣盡使歪點子，萬一在商業上做不贏，就逮著機會在其他方面坑對手的話，那麼洋人就不會和他做生意了。甚至引起國際糾紛，到時就有滅頂之災。在與洋人經商的新問題上，老商業家胡雪巖勝利了。胡雪巖這些過人的素質，使他成為一個傳統文化意義上的哲商，並在經商的過程中不斷感悟，不斷昇華，他的智慧和商業活動也就不斷通向一個爐火純青的境界。

而這一切正是他對人性有深刻認識、善於累積人脈資源的結果。如果沒有那圓而通的處世本領，就不會有四通八達的人脈資源。

胡雪巖以他卓越的圓通能力在夾縫中生存發展，在官場、漕幫黑白兩道的夾縫裏，在民族經濟與西方經濟的夾縫裏，在左宗棠與李鴻章的夾縫裏，踢打出了一個世界，一方天地。

但遺憾的是，這個夾縫最終毀了他，左宗棠的死使他成了官場傾軋的犧牲品。從白手起家到富甲天下，再回到一文不名，走完了他人生軌跡的圓圈。

箴言：「善謀時勢之變，乃能成大事。」——胡雪巖

借力謀權的生存之道——慈禧得勢的智變權術

中國是一個有悠久歷史的民族，傳統文化對權力的影響很深。權力的威力，也只有在博弈過程中才能體現出來。古往今來，謀權、攬權、固權也是在博弈過程中體現。善用權者，治國則天下治，治民則四海安；濫用權者，行而無威，久之無效，必然失權。而擅長於借助他人的權力，而自己做為幕後指揮，這才是博弈高手的明智選擇。

慈禧以「秀女」身分被選入宮，並沒有什麼特殊的身世背景，但是她卻憑著與生俱來的天賦，利用其高超的「借權之術」，一步步將各種權力集中到自己手中，一步步登上了權力的頂峰，成了無人能約束的普天之下的「老祖宗」和「老佛爺」。但這一切，也是經過一場血雨腥風的政變換來的。

根據清朝的制度，要每三年選一次秀女，而且這些秀女的挑選對象主要是八旗女子。舊制挑選秀女，皇后及內廷主位之親姐妹皆免挑。凡八旗官員兵丁閒散之女，皆備八旗挑選秀女，或備內廷主位，或為皇子、皇孫指婚，或為親郡王或親郡王之子指婚，典禮各有等差，而挑選之制則無異。

在這種情況下，當時年約十七歲的蘭兒（慈禧兒時的小名）參加到備選行列，沒想到竟被選中。進入宮中之後，蘭兒第一次面臨人生的重大困境：如何才能在美女如雲的後宮佳麗中脫穎而出，得到皇上的寵幸呢？一面是孤獨終老，一面是寵愛集身。在這個困境選擇之中，蘭兒採取了非常主動的方式──唱歌，來吸引皇帝的注意。終於，蘭兒以自己的美色和動聽的歌喉打動了正當壯年的咸豐皇帝，於是封其為貴人，二人關係好得連皇后鈕枯祿氏也沒辦法拆散。然而，就在蘭貴人專寵的這段時間內，她再次深刻地體會到了宮中的激烈競爭：上千個女人只能侍候一個男人，能夠陪皇上住一個晚上的人也是鳳毛麟角，因此能得到皇帝寵愛的女人便成了大家的嫉妒目標。由於咸豐的專情，使蘭貴人成了後宮女人們的眾矢之的，連皇后也將其視為強有力的競爭對手。

面對這種四面包圍的處境，處於弱勢地位的蘭貴人知道：只有借助皇帝，自己才能躲開從各處射來的暗箭，並進一步鞏固自己在後宮中的地位。那麼，怎樣做才能做到這一點呢？自此，蘭貴人開始了與後宮眾妃嬪和朝臣的博弈。從這時候開始，直到其晚年，蘭貴人就運用起她的學識和經驗，充分發揮「借謀」的威力，借助他人來謀取自己的權力。

蘭貴人入宮不久便得到咸豐的寵愛，此後咸豐乾脆拋棄了祖宗每日必上早朝的傳統，整天沉溺於蘭貴人的美色之中。對咸豐這種有違祖制之舉，皇后鈕枯祿氏非常擔心，一次她親自捧著祖訓，前往蘭貴人的儲秀宮門口，大聲誦讀。咸豐帝從睡夢中驚醒，慌忙穿好衣服去上早朝，將蘭貴人獨自留在儲秀宮。

鈕枯祿氏見咸豐上朝，命蘭貴人一同前往坤寧宮，這是皇后行使後宮權力的聖地。到了坤寧宮之後，皇后大聲責罵蘭貴人，又命太監責打她。這時，蘭貴人強忍著疼痛，不敢出聲叫喚，她知道如果自己哭出聲來，將會招來更大的災難，她所盼望的是咸豐的快點到來。

蘭貴人果然沒有失望。咸豐草草上完早朝後，立即趕往坤寧宮向皇后求情，救下了蘭貴人，使她免受了一場災禍。

蘭貴人經歷這次事件後，不再像過去那樣糾纏咸豐，並向皇后大獻殷勤，為保全自己採取與其合作的態度，這樣逐漸取得了皇后的好感。就在進宮的第二年，蘭貴人晉封為懿嬪。咸豐六年，懿嬪生下咸豐的皇長子、大阿哥載淳，立即母以子貴，由繽晉升為妃，成為懿妃。次年，懿妃又成為懿貴妃，成為後宮中居皇后之下、眾妃嬪之上的第二號人物。由此，懿貴妃實現了自己的部分權力夢想，並朝著新的目標努力邁進。

由於咸豐皇帝沉溺於女色，使原本就體質弱的他不到三十歲時就一副病態，對於每天堆積如山的政事沒有精力應付。咸豐的這種狀況給了權力慾極重的懿貴妃干預朝政、鍛鍊才幹的絕好機會，而咸豐也樂於將這些枯操乏味的事情推給她。就這樣，年僅二十三歲的懿貴妃在皇帝的縱容下批閱奏章，對朝廷事務發表自己的見解，為她的權力慾的膨脹添薪助燃，為大清朝日後的迅速衰敗埋下了隱患。

西元一八六二年，咸豐帝在承德熱河病死，留下孤兒寡母，遺詔由戶部尚書肅順、怡親王載垣、鄭親王端華等八大臣輔佐年僅六歲的皇太子載淳，並改年號為祺祥元年，尊皇后鈕枯祿氏為「母后皇太后」，幼帝生母懿貴妃為「聖母皇太后」；同年，又分別為兩宮太后上徽號「慈安皇太后」和「慈禧皇太后」。從此懿貴妃又被稱為「慈禧太后」，因其居住西宮，故又稱「西太后」。

咸豐帝之死與幼帝繼位，使輔政八大臣與兩宮太后之間展開了激烈的權力爭奪，肅順等人企圖以祖制來阻止兩宮太后垂簾聽政，以維護自己的利益；而兩宮太后對肅順等人的驕橫跋扈也早有不滿，擔心八大臣會乘機奪權。在這種情況下，慈禧太后再次施展借謀之術，把咸豐之弟恭親王奕訢做為兩宮的聯合對象，與奕訢聯手對付輔政八大臣。

可以說，此時的慈禧與恭親王奕訢都有被奪權的危險，所以兩種處境相近的人如果因為某些特殊的關係聯繫在一起，就會造就一個合作性博弈，讓雙方共同努力擺脫囚徒困境。

肅順等人在咸豐駕崩後，就根據遺詔發布命令，禁止恭親王奕訢和統兵大帥勝保到熱河為咸豐弔喪。奕訢接令大為不快，但還是忍下來，同時透過親信四處打聽承德的動向，然後，奕訢又上奏摺請求前赴熱河。肅順等人想藉此機會剷除奕訢，便答應了奕訢的請求。

奕訢趕到承德，見了肅順等人後，又奉兩宮懿旨去見兩位太后。到了太后住處，慈安、慈禧向奕訢詢問了沿途情況，然後轉入正題，商談如何對付輔政八大臣，奕訢建議說：「現熱河已被彼所控，若欲治之，非還北京不可。望太后再忍耐時日，我回京嚴加部署，定可擒彼等聽太后發落。」

兩宮太后接受了奕訢的建議，隨後又對權力分配問題進行討價還價，最終達成協議：由慈安、慈禧垂簾聽政，同時奕訢以議政王的身分任首席軍機大臣，兼領總理各國事務衙門。

六天之後，奕訢就匆匆趕回北京，暗中進行部署，令勝保率軍迎接兩宮及幼帝回京，又令地方督撫中的親信向肅順等表示效忠，以麻痹肅順等。

咸豐靈柩啟行回京。在慈禧的安排下，由肅順、仁壽等扈從梓宮，隨慈禧之後從大路出發，而慈禧與慈安、幼帝則先率載垣、端華等從間道先行，這樣就將輔政八大臣分隔開來，使他們不能互通聲氣。

慈禧一行先抵京郊，立即召見恭親王奕訢，次日進京後又召見奕訢。在這兩次召見中，他們商定了政變的步驟和時間，準備將肅順等人一網打盡。

同治元年（西元一八六二年）十一月二日，慈禧召見奕訢等人，哭數肅順、載垣、端華等人逼迫太后與幼帝的罪狀，於是奕訢黨羽周祖培見機要求治肅順等人之罪。這時，慈禧將早已擬好的諭旨交給奕訢，令其捉拿在京的載垣、端華等人，並於同日在密雲逮捕肅順，全部押到宗人府。

肅順等人滿以為勝券在握，完全沒有料到慈禧和奕訢的聯合行動竟然如此嚴密，他們事先沒有覺察出任何異常。因此，當他們被捕時，肅順罵載垣、端華二人說：「若早從吾言，何至有今日？」原來肅順早就主張殺死慈禧，但二人不同意，結果養虎為患，讓慈禧和奕訢走了先招，從而使輔政八大臣處處受制，最後落了個任人宰割的地步。

十一月八日，慈禧下令將肅順殺死，又令載垣、端華二人自盡，其他五人也分別被革職，或被充軍。三天後，皇太子載淳在太和殿舉行登基大典，改稱「祺祥」即為「同治」。到十二月二日，慈禧和慈安在奕訢等大臣的多次敦請之下，打破了清代流傳下來的禁止女性預政的祖制，共同「垂簾聽政」。從此，慈禧太后將大權抓在了自己手中。

說穿了，以慈禧為首的集團只是一群「招兵買馬」的人。慈禧一開始就以權力為誘餌向奕訢許以重任，算是收買人心。後來，她又與慈安合作，削掉了恭親王奕訢的議政王頭銜，她要使奕訢明白，他是兩宮太后臣下，生殺予奪之權，均操縱在兩位年齡比他小的年輕女子手中。搞得好，可以合作；搞不好，下場可悲。

箴言：「君子用人如器，各取所長。」——司馬遷

國家圖書館出版品預行編目資料

算計還是計算 / 楊煥強著. -- 臺北市 : 種籽文化, 2020.01
面 ; 公分
ISBN 978-986-98241-2-5(平裝)

1.應用心理學 2.謀略

177 108022205

Concept 124

算計還是計算：從歷史中學會謀略大計，人生從此將無往不利。

作者/楊煥強
發行人/鍾文宏
編輯/編輯部
美編/陳子文
行政/陳金枝

企劃出版/喬木書房
出版者/種籽文化事業有限公司
出版登記/行政院新聞局局版北市業字第1449號
發行部/台北市虎林街46巷35號1樓
電話/02-27685812-3 傳真/02-27685811
e-mail/seed3@ms47.hinet.net

印刷/久裕印刷事業股份有限公司
製版/全印排版科技股份有限公司
總經銷/知遠文化事業有限公司
住址/新北市深坑區北深路3段155巷25號5樓
電話/ 02-26648800 傳真/ 02-26640490
網址：http://www.booknews.com.tw(博訊書網)

出版日期/2020年01月 初版一刷
郵政劃撥/19221780 戶名：種籽文化事業有限公司
◎劃撥金額900(含)元以上者，郵資免費。
◎劃撥金額900元以下者，若訂購一本請外加郵資60元；
劃撥二本以上，請外加80元

定價：299元

喬木
書房

喬木
書房